Burczynski

JEET KUNE DO

Frank Burczynski

JEET KUNE DO

DIE KAMPFKUNST VON

BRUCE LEE

pietsch

Einbandgestaltung: Dos Luis Santos

Bildnachweis: Alle Bilder von Johannes Körner, außer S. 6: private Sammlung Bob Dubljanin

ISBN 978-3-613-50548-3

1. Auflage 2007

Sie finden uns im Internet unter: www.pietsch-verlag.de

Lektor: Marko Schweizer
Innengestaltung: Medienfabrik GmbH, 71696 Möglingen
Druck und Bindung: Fortuna Print Export, 85101 Bratislava
Printed in Slovac Republic

Widmung und Danksagung

Ich widme dieses Buch meinen Instructor, Mentor und gutem Freund Sifu Larry Hartsell, der mich über die Jahre hinweg immer mehr für das Jeet Kune Do begeistert hat. Ohne ihn hätte meine Reise einen ganz andere Weg genommen. Genauso danke ich seiner Frau Simo Debra Hartsell. Die beiden haben mich in Los Angeles aufgenommen, mir Unterkunft, Essen und Freundschaft entgegengebracht und versucht, meinen Wissensdurst zu löschen.

Ich widme dieses Buch meiner Frau Serpil sowie meinem Sohn Adis. Ohne Euch wäre ich nicht hier.

Ich bedanke mich bei meinen Instructoren im Jeet Kune Do, namentlich Sifu Udo Müller, Guro Dan Inosanto, Sifu Richard Bustillo, Tim Tackett und meinem Freund Bob Dubljanin, der für dieses Buch auch eine Einleitung beigesteuert hat. Danke fürs Training.

Ich bedanke mich bei meinem langjährigen Trainingspartner und Freund Peter Hoffmann. Ohne ihn hätte ich diese Reise erst gar nicht begonnen.

Und ich bedanke mich bei all den Leuten, die mit mir zusammen trainieren. Dieses Training ist Tag für Tag der Grund, warum ich weitermache.

Ich danke den Usern des Kampfkunst-Boards (KBB, www.kampfkunst-board.info), durch deren angeregte Diskussionen viele Fragen und Antworten kamen, die diesen Text erst entstehen ließen.

Letztendlich danke ich auch allen, die ich vergessen habe aufzuzählen. Nicht, weil ich mich nicht erinnern kann, sondern weil es einfach zu viele sind, denen ich Dank schulde.

Vorwort

Bruce Lee, international bekannt als der legendäre Filmstar, dem mit seiner Arbeit als erstem asiatischem Schauspieler der Durchbruch in den Westen gelang, war auch ein innovativer Kampfkünstler, der in den 1960ern sein eigenes Kampfsystem formulierte. Diese Methode nannte er auf kantonesisch Jeet Kune Do, den Weg der stoppenden Faust.

Verständlicherweise wird Jeet Kune Do (JKD) mit seinem berühmten Begründer in einem Atemzug genant. Die Popularität von JKD war jedoch stets größer als das Bewusstsein über die tatsächliche Kampf- und Trainingsmethodik von Bruce Lee.

Warum? Zu Bruce Lees Lebzeiten und bis Anfang der 1980er war JKD eine Kampkunstmethode, die nur von einigen kleinen, oftmals privaten Gruppen trainiert wurde. Dies war die JKD-Tradition bis dahin. Obwohl in Los Angeles seit 1974 eine öffentliche Schule bestand, war JKD in diesen Tagen eine Kampfkunstdisziplin, die nur einigen wenigen erklärt und vermittelt wurde. Die allgemeine Kampfkunstwelt brachte daher JKD eher mit Bruce Lees populärer Filmarbeit im Zusammenhang. Nun haben Lees Filmchoreographien und seine Nunchaku-Wirbelwinde sicherlich einen legendären Status unter Filmfreunden, jedoch haben diese Actionsequenzen meist recht wenig mit JKD zu tun und den Inhalten die Lee seinen Schülern von 1962-1973 vermittelte.

In den 1980ern fingen Bruce Lee-Schüler wie Dan Inosanto, Richard Bustillo, Larry Hartsell und Tim Tackett an, auf Sommercamps (wie dem Aspen Martial Arts Camp in Aspen, oder später dem Smoky Mountain Camp in North Carolina) sowie auf Lehrgängen in verschiedenen Städten in den USA und später auch weltweit in Europa, Australien und Japan zu unterrichten. Im Zuge einer dieser Seminar-Tourneen besuchten Dan Inosanto und Cass Magda 1986 das erste Mal auch Deutschland.

Viele Kampfkunst-Systeme haben etwas zu bieten. Was dies genau ist, findest man nur heraus, wenn man sich das tatsächliche Training der verschiedenen Systeme vergegenwärtigt. Das JKD-Training orientiert sich an „Totalität in Combat", sprich nicht nur Punching, nicht nur Kicking, nicht nur Grappling zu beherrschen, sondern es gilt, effizient in allen drei Kampfdistanzen (der langen, der mittleren und der kurzen Distanz) mit verschiedenen Werkzeugen, wie Lee seine Kampftechniken nannte, zu werden. JKD-Training besticht mit einer Betonung auf Kicking und Punching, insbesondere mit der vorderen Hand und dem vorderen Bein. Ungleich den klassischen Kampfkünsten, wie Karate oder Kung Fu, meidet JKD das Formentraining und bevorzugt Partnertraining mit Kontakt und Widerstand. JKD besteht aus wenigen Körpertechniken, die mit Hilfe von innovativer Trainingsausrüstung wie Handpratzen, Kicking Shield, Schienbeinschonern usw. gedrillt und aktiv entwickelt werden. Viele JKD-Einheiten ähneln den Trainingsroutinen eines Boxers und doch ist JKD noch mehr. Durch Bruce Lees Wing Chun-Background (dem Gung Fu System, das er als Teenager in Hong Kong lernte) fanden einige modifizierte Techniken und Konzepte den Weg ins JKD. Insbesondere in der nahen Distanz ist das Binden und gleichzeitige Schlagen (trap and hit) ein Substitut zum konventionellen Abwehren durch zuerst einen Block und danach einen Konter (block and counter).

Ein weiteres Merkmal eines typischen JKD-Workouts ist das Kontaktsparring; hier werden die erlernten Basics getestet, um das richtige Timing, die korrekte Distanz zu finden und den passenden Rhythmus zum Gegner in einem lebendigen Austausch zu etablieren. Eine weitere Stärke von Lee war es, westliche Kampftheorien wie die fünf Angriffswege der klassischen Fechtschule für seine unbewaffnete Kampfmethode zu adaptieren und damit ein Analysewerkzeug zu bekommen, um die eigenen sowie die Aktionen des Gegners zu kategorisieren und überwinden zu lernen. Lee und seine Schüler waren innovativ, nichtklassisch in ihren Trainingseinheiten und auf die Essenz und Anwendung der verschiedenen Kampfkünste fokussiert.

Natürlich haben viele dieser Trainingsmerkmale mittlerweile einen breiten Einzug in viele Dojos gefunden und man kann heute überall Handpratzen, Kicking Shields und andere JKD-Trainingsideen vorfinden. Doch in der Kampfkunstwelt der 1960er und 70er Jahre waren viele dieser Praktiken neu, bahnbrechend, unkon-

ventionell, trainingseffizient und sind in vielerlei Hinsicht bis heute noch gültig.
JKD bietet dem interessierten Kampfkünstler eine ganze Menge von Vorteilen und eine aufregende Trainingserfahrung. Eine negative Entwicklung, die viele Einsteiger in diese Methode irritiert, sind die kontroversen Interpretationen der oftmals philosophisch gehaltenen Notizen und Schriften zum JKD. Es scheint fast, dass neben Kursen und Seminaren in der körperlichen Kampfkunst eine Notwendigkeit besteht, Sätze und Maximen wie „Eigne Dir an was nützlich ist", „JKD benutzt alle Wege", „JKD ist formlos", „JKD hat keine Techniken" etc. zu erklären und vor allem in den richtigen geschichtlichen Kontext von Lees Methode zu stellen. Die allgemeine Form dieser Aussagen kann Außenstehende leicht zu der Annahme verleiten, dass JKD alles mögliche (man nehme Karate + Escrima + Jiu Jitsu = JKD, auch bekannt als die Salatbar-Theorie) sein kann oder aus den Sachen besteht, die man sich aussuchen möchte.
Dies ist natürlich nicht der Fall. Um diese Maximen richtig zu verstehen, muss man sich in die Kampfkunstwelt der 1960er begeben – hier wurde JKD formuliert und viele dieser Aussagen sind entstanden, um Zustände der Zeit zu reflektieren und zu kommentieren. In diesen Tagen existierte kein Crosstraining in den Kampfkünsten. Falls man in einer weiteren Schule trainieren wollte, wurde man oftmals aus seiner alten Schule hinausgeworfen. Viele der asiatischen Ausbilder brachten mit ihren Kampfkünsten leider auch ihre Vorurteile mit in die USA. Entweder man trainierte Judo oder Tae Kwon Do. Die Chinesen trainierten keine Japaner, Filipinos keine Weißen usw. Der „Karate Chop" war eine „tödliche" Technik und wer ein Holzbrett zerschlagen konnte, musste bestimmt ein Träger des mystischen schwarzen Gürtels sein in irgendeiner geheimnisvollen Kampfkunst. In solch einem Umfeld entstand JKD und natürlich waren hier Lee und seine Schüler sehr unorthodox, da sie keine Gürtel trugen, mit Kontakt trainierten, keine Gis benutzen und im Vergleich zu einer regulären Karate-Schule ihr Training sehr ungewöhnlich aussah. JKD glaubt nicht daran, dass es einen formulierten Weg zum Kämpfen gibt, dass bestimmte Techniken (egal ob japanisch, chinesisch, philippinisch usw.) „tödlicher" oder „besser" als andere sind. Lee verglich das Organisieren von Combat mit dem Versuch, ein Pfund Wasser in Packpapier zu binden. Die liberalen Maximen des JKD sind eine Reflektion auf die Kampfkunstwelt dieser Tage und finden hier ihre Bedeutung. Also kennt JKD keinen organisierten Weg zu kämpfen, aber auf alle Fälle einen definierten, bewährten und progressiven Weg zu trainieren. Die Annahme also, dass JKD „formlos" sei, bezieht sich auf die Anwendung des Trainings, nicht auf das Training selbst, da keine Form zu haben und formlos zu sein ein wichtiger Unterschied ist. Es ist also nicht, „was immer Du möchtest", sondern was man daraus macht, *nachdem* man es hat.
Lee selbst hatte leider nur eine begrenzte Zeit zur Verfügung, um zu sein Training zu leben und seine Methode zu formulieren; viele Aspekte, die angefangen wurden (wie das Grappling oder Waffentraining), wurden erst später nach Lees Tod von seinen Schülern weiter entwickelt, verfeinert und ausgebildet. Seine berühmten Kampfkunsttheorien und -philosophien waren, bis zu dem Zeitpunkt seines Todes, oftmals weit vollkommener und umfassender als seine körperliche Kampfkunst und deren Anwendungen, da JKD stets ein „work in progress" war. Inspiriert von großen Denkern wie Jiddu Krishnamurti, Alan Watts oder Daisetz Suzuki, stütze Lee gerne viele von seinen JKD-Idealen an den philosophischen Maximen dieser Vorbilder. Insbesondere in seinen letzten Jahren änderte er seine Definition des JKD, weg von der Suche nach der ultimativen Kampfkunst hin zu einem Verstehen des Wesens der Kampfkünste. Lee nannte diese Untersuchung, die Essenz zu besitzen und dadurch zu verstehen, warum die verschiedenen Theorien funktionieren, anstatt „nur" der Anhänger einer bestimmten Schule oder Richtung sein zu wollen.
Die stetige Forschung und Entwicklung in der Kampfkunstwelt haben heute viele Mitglieder des JKD-Clans dazu gebracht, eine Reihe von Erweiterungen und Ergänzungen zum etablierten JKD-Training anzugliedern. Durch das aktive Trainieren von Systemen und Metho-

den wie Muay Thai, Filipino Kali-Escrima, Indonesischem Silat, brasilianischem Jiu Jitsu und anderen Grappling-Schulen hat heute eine neue Generation von JKD-Schülern die Möglichkeit, neben dem „klassischen" JKD-Lehrplan noch weitere Erfahrungen zu machen, die sie zu besseren Kampfkünstlern machen können. Diese ergänzenden Disziplinen haben viel zu bieten im Bereich spezialisierter Aspekte wie dem Waffenkampf und der Abwehr von bewaffneten Angriffen (Filipino Kali), der Trainingstechnologie für Kondition und Kontakt-Anwendung (Muay Thai) oder dem Erweitern der drei traditionellen Distanzen durch das Beherrschen des Bodenkampfes (Grappling).
Es gilt, für die kommenden Generationen von JKD-Anhängern die Struktur, den Lehrplan und die Inhalte von Lees Methode weiterzugeben und damit zu erhalten, und zugleich sie jetzt und in Zukunft stets an die Zeichen der Zeit anzupassen und damit immer neu zu bewerten. Denn wie schon Lee erkannte: *„...from the old you gain security, from the new you get the flow...."*

Bob Dubljanin
JKD-Instructor der 3. Generation

Südost Asien Institut der Kampfkünste
Hebelstr. 3
69115 Heidelberg
Tel: (06221) 8 93 68 38
E-Mail: info@soai.de
www.soai.de

Einleitung

Jeet Kune Do (JKD) ist eine Kampfkunst, die Mitte der 60er Jahre des letzten Jahrhunderts von Bruce Lee entwickelt wurde. Die Quellen, aus denen er sich bedient hat (warum das Rad neu erfinden?), waren Techniken, Prinzipien und Konzepte aus dem Wing Chun, dem Boxen und dem Fechten.

Diese Kampfkunst beschäftigt sich ausschließlich mit der Selbstverteidigung. Es gibt keine „sportliche Variante", keine Wettkämpfe im JKD.

Dieser Unterschied ist wichtig, denn er bedingt eine der Aufgabe angepasste Herangehensweise. Im Sport muss ich meinen Gegner besiegen, ihn schlagen. Dies kann zum Beispiel durch KO, technischen KO, Aufgabe, Schiedsrichter- oder Punktrichterentscheid passieren. In der Selbstverteidigung muss ich das nicht. Hier geht es vorrangig um Notwehr. Das heißt, ich muss einen gegenwärtigen, rechtswidrigen Angriff auf mich oder einen anderen abwenden. Eine Selbstverteidigungskampfkunst muss mir das möglich machen. Ein Besiegen des Gegners ist hier nicht zwingend notwendig. Man benötigt ein durch die Abwehr des besagten Angriffs entstehendes Zeitfenster, um sicher den Ort des Geschehens zu verlassen. Dieser Unterschied begründet eine grundlegend andere Herangehensweise an die Aufgabe, als eine sportliche Kampfkunst es zum Ziel hat.

Mario greift Frank an, der sich schon in seiner Verteidigungshaltung befindet.

Frank unterbricht Marios Angriff mit einem Biu Jee (Fingerstich) zu den Augen...

...und einem Tritt in den Unterleib.

Da Mario gerade außer Gefecht gesetzt ist und keine weitere Gefahr für Frank darstellt, wendet Frank sich ab...

...und entfernt sich aus der Gefahr.

„Jeet" in Jeet Kune Do heißt „abfangen", „unterbrechen" oder „stoppen". Das Hauptaugenmerk des JKD-Trainings liegt also darauf, den gegnerischen Angriff so früh und so schnell und so stark wie möglich abzufangen – nicht nur den physischen Angriff, sondern die komplette Angriffsmotivation des Gegners. Dazu bedient sich das JKD aus einer festen Struktur heraus verschiedener Techniken, die in diese Struktur passen und den drei wichtigsten JKD-Prinzipien entsprechen:

- Einfach: Keine komplizierten, unnatürlichen, schwierigen Bewegungen. Diese lassen sich im Stress des Kampfes nicht realisieren und sie dauern zu lange.
- Direkt: Die benutzte Technik dient direkt dem Ziel der Ausschaltung des Gegners oder der Gefahr.
- Nicht-klassisch: Keine nutzlosen Schnörkel oder traditionellen Bewegungen, die nichts mit dem Kampf und den ersten beiden Prinzipien zu tun haben.

Es ist nicht richtig, dass jeder im JKD alles machen kann, was er gerade für die beste Technik hält. JKD ist kein Sammelsurium aus diversen Techniken, die aus diversen Stilen oder System heraus genommen wurden oder werden. Eine Technik, die nicht in die JKD-Struktur (manifestiert z.B. durch die JKD-Kampfhaltung) passt und die nicht den drei obengenannten Prinzipien entspricht, ist kein JKD.

Das heißt nicht, das ein JKDler diese Technik in einem Kampf nicht anwenden kann oder soll. Wenn sie passt und ihren Zweck erfüllt, dann wäre es nicht logisch, sie nicht zu benutzen. Er macht dann eben nur zu diesem Zeitpunkt kein JKD. Aber wen interessiert das schon, wenn man damit den Kampf entscheiden oder beenden kann?

Heutzutage, über 30 Jahre nach dem Tod von Bruce Lee, haben sich einige Strömungen im JKD entwickelt, die scheinbar teilweise zueinander in Widerspruch oder gar im Streit stehen. Die beiden Hauptströmungen sind einmal die „JKD Concepts", die aus der Linie von Guro Dan Inosanto entstanden sind, und das „Original JKD",

das von einigen anderen Originalschülern aufrecht erhalten wird. Dieses Buch wird nicht für eine Seite Stellung beziehen oder versuchen, die Vor- und Nachteile der einen gegenüber der anderen Seite aufzuzeigen. Eine derartige politische Diskussion ist nach Auffassung des Autors nicht sinnvoll für das JKD und das Training des Einzelnen.

In der Inosanto-Linie bezeichnet man mit Jun Fan Gung Fu (Jun Fan ist Bruce Lees chinesischer Name) das, was Bruce Lee 1958-1973 selber trainiert und entwickelt hat, respektive die Techniken, die er selber aufgrund der Konzepte, Strategien und Prinzipien trainiert hat. Diese Konzepte lassen sich auch auf andere Techniken aus anderen Kampfkünsten übertragen. Das heißt, Guro Dan Inosanto erklärt diese Konzepte etc. zum Beispiel anhand verschiedener Techniken aus den philippinischen oder indonesischen Kampfkünsten. Die „JKD Concepts"-Methode lässt es zu, dass nach dem Lernen der Basis des JKD auch Techniken, Methoden und ähnliches aus anderen Kampfkunstsystemen mit ins personalisierte JKD einfließen.

In der „Original JKD"-Linie wird nur das trainiert, was Bruce Lee während seiner Lebzeit selber trainiert bzw. unterrichtet hat. Viele Original JKDler sehen im Hinzufügen von neuen Techniken und Methoden ein unnötiges „Aufblähen" des Systems.

JKD ist ein Weg, ein Problem zu lösen. Nur scheinen die vorgegebenen Problemlösungen nicht für alle JKD-Trainierenden so zu funktionieren, wie sie für Bruce Lee funktioniert haben. Daher wird man nach Verstehen des Grundmodells und der Grundstruktur eigene Wege finden, Probleme zu lösen, und diese abstrakt in seine JKD-Struktur einbauen. Man lernt im JKD ein gewisses Grundgerüst von Techniken, anhand derer Attribute, Prinzipien, Konzepte und Strategien des JKD erklärt werden. Aufgrund dieser gemeinsamen Basis werden dann die unterschiedlichen individuellen Stärken und Schwächen des Übenden trainiert.

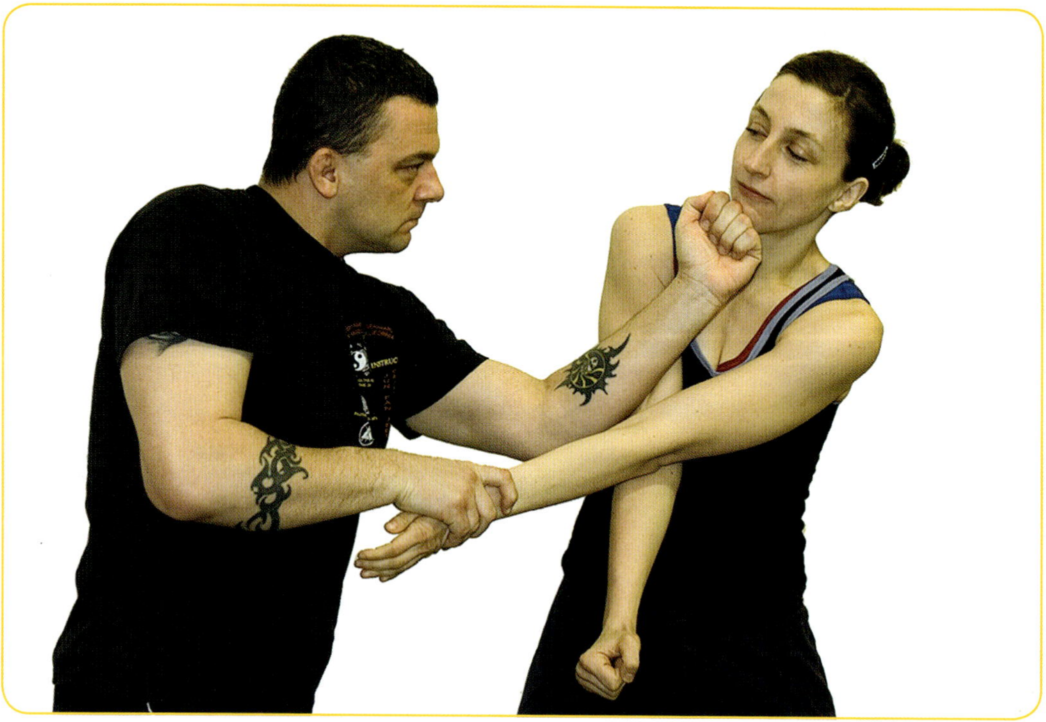

Ein direktes 1:1-Kopieren eines anderen (Bruce Lees, des eigenen Instructors, des Trainingspartners) ist nicht wünschenswert und hat tatsächlich keinen Sinn, da sich zwei Individuen nie gleich bewegen, nie die gleichen Stärken und Schwächen, nie die gleichen Vorlieben haben.

Das „Personalisieren" oder „Individualisieren" des JKD für jeden einzelnen Aktiven in dieser Kampfkunst wird also entweder anhand des Originalmaterials oder unter Zuhilfenahme anderer Techniken oder Methoden früher oder später stattfinden.

JKD ist eine Kampfkunst, bei der es vorrangig um die Selbstverteidigung geht. Tatsächlich aber erkennt der Aktive je nach Fortschritt seine eigene Entwicklung und kann und soll auf diese Einfluss nehmen.

JKD sollte den Trainierenden für die verschiedenen Möglichkeiten und Geschehnisse eines Kampfes vorbereiten. Dabei geht es im JKD nicht um die unzähligen und unendlichen Möglichkeiten der diversen Techniken, sondern um die Chance, sich einem bestimmten Szenario anzupassen und die richtige Problemlösung parat zu haben. Strategie und Taktik sind hier wichtiger als Millionen von Techniken und Konter-Techniken. Zu wissen, wie man den gegnerischen Angriff stoppt oder die gegnerische Aktion stört und umgeht, ist wichtig. JKD entwickelt deswegen anpassungsfähige Strategien, um wirksam zu sein. Dieses Training wird langfristiger und intensiver gestaltet, als ein „Gegner macht X, du antwortest mit Y, er macht daraufhin Z und dir bleibt dann ..."

Reine Spontaneität in direkter Anwendung ist das Ziel. Die eigenen Stärken und Schwächen kennen und danach zu agieren. Im JKD wird nicht einstudiert, es wird entwickelt. JKD wird auf die Anforderungen zurechtgeschnitten und ist daher anpassungsfähig. Dies macht ein intensives Beschäftigen mit den verschiedenen Distanzen, in denen ein Kampf stattfindet, notwendig.

Dieses Buch soll dazu dienen, nicht nur einige Grundlagen der Kampfkunst JKD zu illustrieren, sondern auch die dahinter liegenden Konzepte, Prinzipien, Methoden und Strategien zu nennen und zu erklären.

Um JKD zu trainieren, sollte man bei einer Schule als

erstes auf die Lineage achten – woher kann der Instructor sein JKD, bei wem lernte er? Dann sollte man ein paar Probetrainingsstunden mitmachen, um die Atmosphäre der Schule, den Unterrichtstil des Lehrers und das Verhältnis zu den Schülern zu erkunden. Wenn alles gefällt und das ist, was man erwartet, sollte man dort bleiben. Ein guter Instructor lässt seine Schüler auch in anderen Schulen und mit anderen Lehrern trainieren, um sie vergleichen zu lassen bzw. ihre Fähigkeiten zu erweitern oder neue Einflüsse mit ins Training zu bringen. So wächst meiner Meinung nach die Trainingsgemeinschaft und der einzelne Trainierende.

Der Zeitpunkt ist allerdings hierfür entscheidend. So sollte man meiner Meinung nach bereits eine gute Basis haben, um überhaupt vergleichen zu können, bzw. um zu erkennen, dass man etwas wirklich wichtiges mit dazu nimmt, ohne seine eigentliche Struktur zu zerstören.

JKD ist kein Wettkampfsport, bei dem man ab einem bestimmten Alter den Vergleichskampf meiden muss. Alles weitere kommt darauf an, wie oft, wie lange und wie intensiv man gewillt ist, zu trainieren. Ich kenne JKDler, die weit über 60 Jahre alt sind und trotzdem noch sehr gut austeilen können.

Dieses Buch ersetzt keinen Instructor und kein Training. Das ist auch nicht die Intention des Autors. Dieses Buch soll einerseits ein Begleiter zum Training im Jeet Kune Do sein, ein Nachschlagwerk, eine Art Unterstützung der theoretischen Seite, und andererseits soll hier versucht werden, die manchmal schon mystisch klingenden philosophischen Zitate und Statements im JKD etwas zu erhellen.

„Using no way as way", „having no limitation as limitation", „absorb what is usefull" und Ähnliches sind Aussagen, denen man immer wieder bei der Beschäftigung mit dem Thema Jeet Kune Do begegnet. Diese sollen hier, aus der Sichtweise des Autors, etwas erklärt und dem Leser näher gebracht werden. Dabei wird kein Anspruch auf die einzige Wahrheit gestellt. Andere Sichtweisen sind durchaus legitim und existieren in der JKD-Familie. Dies ist nur eine Sichtweise.

Jeet Kune Do heißt auch „wissenschaftlicher Straßenkampf". Diese Bezeichnung scheint auf den ersten Blick sehr aufgeblasen, denn sie gibt vor, dass man sich mit etwas wie dem Kampf auf der Straße in der Selbstverteidigung wissenschaftlich beschäftigen kann. Was man daraus aber ableiten kann ist, dass JKD mehrere Facetten, mehrere Schichten hat. Der Kern des JKD ist die reale Selbstverteidigung, die physische Auseinandersetzung, das Kämpfen. Das Vorgehen beim Kämpfen unterliegt im JKD einigen Prinzipien, Konzepten, Strategien und Taktiken. Dies ist der eine theoretische Überbau. Ein anderer Theorieteil ist das methodische Training, das Lernen und Besserwerden des Einzelnen. Auch damit beschäftigt man sich im JKD. Und gerade dieser Teil unterliegt im Laufe des Trainings des Einzelnen stetiger Wandlung. Aber JKD hat noch einen weiteren, theoretischen, Teil: JKD ist auch eine Philosophie, eine Lebenseinstellung. Viele Problemlösungsvorschläge im JKD, die eigentlich mit der Selbstverteidigung zu tun haben, lassen sich auch auf andere Lebensbereich übertragen.

Diese ganzen theoretischen Überlegungen zusammen mit der physischen Umsetzung im Training und im Kampf bilden eine ganzheitliche, komplette Beschäftigung mit dem Thema. Dazu soll dieses Buch beitragen und so dem Einzelnen helfen, sich selbst zu entwickeln – im Kampf und im Leben.

Bai Jong – Die Kampfhaltung

Die Struktur oder das Fundament des JKD manifestiert sich in der sogenannten „Kampfhaltung" oder Bai Jong.

Einer meiner Trainer formulierte einmal dazu: Jede Technik und jede Bewegung im JKD kommt aus dem Bai Jong. Eine Technik, die nicht aus dem Bai Jong kommt, passt nicht ins JKD, da ihr die Struktur und das Fundament fehlen. Dies soll nicht heißen, dass eine Technik nicht funktioniert, wenn sie nicht aus dem Bai Jong kommt. Sie passt nur nicht in die Prinzipien des JKD. Der Bai Jong ist das Bindeglied, das alle Bewegungen zusammen hält. Dabei sichert der Bai Jong im Angriff eine wasserdichte Verteidigung, genauso wie er in der Verteidigung jederzeit die Möglichkeit zum Angriff offen lässt.

Der Bai Jong (oder On-Guard-Stance) ist dabei mobil, nicht starr.

Im JKD wird die stärkere, mehr trainierte und besser koordinierte Seite des Kämpfers nach vorne genommen. Als Rechtshänder wird man rechts vorne stehen, als Linkshänder links. Wenn ein Rechtshänder jedoch schon jahrelang seine linke Seite als Führhandseite trainiert hat, kann es kontraproduktiv sein, ihn erst umzutrainieren. Wichtig ist es hierbei, ein vernünftiges Maß an Einschätzung zu haben. JKD passt sich hier dem Individuum an, nicht umgekehrt.

Bai Jong von vorn

Bai Jong nach rechts

Bai Jong nach links

Ca. 80% aller Techniken mit der Hand oder dem Fuß werden im JKD mit den vorderen „Waffen" ausgeführt. Die Stellung muss dabei Stabilität, Mobilität, eine aggressive Verteidigung, den Konterangriff und das Abfangen ermöglichen. Dazu setzt der Stand eine leicht gebeugte Haltung des Oberkörpers voraus (wie z.B. bei Rad fahren), um die eigene Angriffsfläche zu verkleinern. Des weiteren werden die Knie nicht durchgestreckt. Ein leichtes Federn in den Knien, zusammen mit einer möglichst gleichmäßigen Verteilung des Körpergewichtes auf beiden Füssen sowie der Federkraft des hinteren Beines durch die erhobene Ferse und die Ausrichtung nach vorn, ermöglicht eine Mobilität in alle Richtungen. Der hintere Arm ist dabei vor den Rippen, entspannt aber bereit für die defensiven Aufgaben, die Hand des hinteren Armes ist in Bewegung vor dem Gesicht. Der vordere Arm ist ebenfalls entspannt vor dem Körper, der Ellenbogen ca. eine Faustbreit entfernt von den Rippen, die Hand in leichter Bewegung und ungefähr auf Kinnhöhe, bereit, jederzeit zuzuschlagen. Durch die „relaxte Anspannung" werden Schläge und Tritte ohne vorhergehende telegrafierende (verratende) Bewegungen möglich.
Wichtig ist hierbei, dass diese Stellung keine feste, starre Haltung ist, sondern sich der Kämpfer selbst die ganze Zeit in unmerklichen leichten Bewegungen, die weder ermüden noch bestimmte Angriffe vorausahnen lassen, befindet. Ein Körper in Bewegung tendiert dazu, in Bewegung zu bleiben, und man ist somit in der Lage, aus der Bewegung heraus zu agieren, ohne vorher einen Stillstand überwinden zu müssen.
Aus dieser Position heraus kommen im JKD alle Bewegungen und Aktionen.
Dabei sind an dieser Stelle auch einige Prinzipien zu nennen, nach denen der Bai Jong funktioniert. Neben der Mobilität für eine evasive Fußarbeit sind weiterhin wichtig:

Immovable Elbow

Der Ellenbogen des vorderen Arms sollte sich in der Verteidigung nicht von seinem Platz (ca. eine Faust breit vor den Rippen, bei Rechtshändern also vor der Leber) bewegen, um dort seine Verteidigungsaufgaben bzw. seine sofortige Angriffsaufgabe zu erfüllen. Das heißt, er sollte sich insbesondere nicht näher an den Körper herandrücken lassen, da er dort festgelegt werden kann und keiner der Arme mehr vernünftig verteidigen kann.

Das Zentrallinienprinzip im JKD

Theoretisch liegen die wichtigsten Ziele alle auf einer imaginären Zentrallinie. Das heißt, beim Angriff wird primär die Zentrallinie des Gegners angegriffen, in der Verteidigung sollte die eigene Zentrallinie wasserdicht geschützt sein. Das Ausrichten der eigenen Zentrallinie auf den Gegner und das Abdrehen oder Herausgehen aus der Zentrallinie des Gegners wird als vorteilhaft angesehen.

Geübt werden sollte das Einnehmen der Kampfhaltung aus verschiedenen Positionen sowie in verschiedene Richtungen.

Dazu wird zum Beispiel beim Training aus einer neutralen Position das schnelle Zurückschreiten oder Vorschreiten in den Bai Jong geübt. Dabei soll die eigene Zentrallinie möglichst wasserdicht durch die Haltung der Arme und Stellung der Beine geschützt sein. Gleichzeitig bilden die nach vorne ausgerichteten Fäuste und die bewegliche Stellung eine Bedrohung für die Zentrallinie des Gegners.

Im Bai Jong sind beide Ellenbogen der Arme vor, und nicht neben oder hinter, dem Körper. Der eine Ellenbogen schützt die Leber, der andere die Milz. Die hintere (Deckungs-) Hand ist – entspannt, aber bereit zum Einsatz – vor dem Kopf in Bewegung, um jederzeit verschiedene Angriffe zu parieren und abzuwehren. Die

Neutrale Ausgangsposition

Bai Jong nach vorn

vordere Hand liegt auf der gegnerischen Zentrallinie und ist bereit zuzuschlagen. Beide Arme ausgestreckt würden vor dem Körper einen Keil bilden. Dieser Keil dient einerseits als Schutzschild, anderseits als Bedrohung der und als Angriff auf die gegnerische Zentrallinie.

Die Beine sind in etwa schulterbreit auseinander. Von vorn betrachtet ist des hinteren Fußes in etwa maximal eine Faustbreite von der Linie der Zehen des vorderen Fußes entfernt. Es gibt hier auch Meinungen, dass die Ferse exakt auf dieser nach hinten gezogenen imaginären Linie sein sollte. Der vordere Fuß ist leicht nach innen eingedreht, damit durch ein kurzes Anheben oder Eindrehen des vorderen Beines der eigene Unterleib geschützt ist. Das Gewicht ist entweder 50:50 oder 60:40 (mehr nach vorn) verteilt. Dabei liegt das Gewicht auf den Fußballen, um eine gute Mobilität zu ermöglichen. Die hintere Ferse ist angehoben, die Zehen nach vorn ausgerichtet. Dies ergibt eine Art Startblockposition wie beim Sprint und soll ebenfalls eine explosive Vorwärtsbewegung ermöglichen.

Es war Bruce Lee sehr wichtig, dass sich diese Balance in der Kampfhaltung nicht nur im Stillstand ergibt, sondern dass sie in der Bewegung umgesetzt werden kann und muss. „Balance in Motion" lautet hier das Prinzip. Dies muss im Training zum Beispiel bei der Schrittarbeit geübt werden.

Neutrale Ausgangsposition

Bai Jong nach hinten

Four Corner Theory

Dies ist eine bestimmte Abwehraufgabe der hinteren Hand, die alle vier Winkel, aus denen ein gegnerischer Angriff kommen kann, absichert und so die vordere Hand immer zum Abfangen oder zum Gegenangriff bereit ist.

Mario und Frank stehen sich gegenüber.

Dabei ist es wichtig zu verstehen, dass im JKD die hintere Hand ca. 80% aller Abwehrbewegungen übernehmen sollte. Die vordere Hand, die näher am Ziel ist, sollte nach Möglichkeit immer für den eigenen Angriff genutzt werden. Beim Training der Theorie der vier Ecken wird nun versucht, Angriffe aus vier Richtungen mit der Abwehr der hinteren Hand und dem gleichzeitigem Gegenangriff der vorderen Hand zu beantworten. Dabei kommen die Angriffe, bezogen auf die eigene Position, von

- links oben
- links unten
- rechts oben
- rechts unten.

Während sich nun also die hintere Hand um die jeweiligen Räume, Angriffswinkel oder Ecken, aus denen der gegnerische Angriff kommt, mit Abwehrbewegungen kümmern muss, greift die vordere Hand gleichzeitig den Gegner an und versucht so, den Angriff des Gegners zu unterbrechen.

Als Mario einen Schritt nach vorn macht, geht Frank mit seinem linken Fuß nach hinten in seine Kampfhaltung.

Eine andere Möglichkeit wäre es, aus der Gegenüber-Position...

...direkt nach vorn in den gegnerischen Angriff zu gehen, um ihn abzufangen.

Fußarbeit und Mobilität

Die Grundlage der Fußarbeit im JKD bildet die Struktur der Kampfstellung. Eine ausbalancierte und mobile Basis ist obligatorisch. Der Bai Jong ist das Fundament aller dieser Faktoren. Er muss so gestaltet werden, dass er kurzfristige Richtungs- und Bewegungsänderungen zulässt, um es dem Kämpfer zu ermöglichen, sich einen Vorteil zu verschaffen, um die Angriffsbewegung des Gegners frühestmöglich abzufangen. Neben der Fähigkeit, verschiedene Distanzen richtig einzuschätzen, müssen es der Stand und die benutzte Fußarbeit ermöglichen, sich selbst schnellstmöglich in jede notwendige Richtung zu bewegen. Durch die Erreichung des gewählten Ziels muss auch eine Kontrolle oder Beherrschung der neuen Distanz gesichert sein. Diesen Tatsachen wird das JKD-Training durch seinen Schwerpunkt auf Fußarbeit und Mobilität gerecht. Das höchste Ziel ist dabei, in Bruce Lees Worten, die Fähigkeit, seinen Gegner wirkungsvoll zu schlagen oder zu treten, während man selber in balancierter Bewegung ist. Vorzugsweise in Vorwärtsbewegung. Man kann dadurch nicht nur den Gegner überraschen, sondern auch das Gewicht seines Körpers mit in die Technik einbringen. Die Fußarbeit muss dabei subtil, entspannt und flexibel sein. Dabei dient sie auch immer der Defensive. Ein bewegliches Ziel ist schwerer zu treffen als ein stationäres. Und im Kampf steht man letztendlich nicht auf einer Stelle, man muss beweglich, nicht berechenbar und mobil sein.

Im Training wird zunächst das Einnehmen der Kampfhaltung aus verschiedenen Positionen und die Basis-Fußarbeit vermittelt, wie zum Beispiel:

Step + Slide

Hierbei bewegt sich als erstes der Fuß, der sich in der Bewegungsrichtung befindet.

Step + Slide vorwärts: Ausgangsposition

Schritt mit dem vorderen Fuß nach vorn

Nachziehen des hinteren Fußes

Step + Slide rückwärts: Ausgangsposition

Schritt mit dem hinteren Fuß nach hinten

Nachziehen des vorderen Fußes

Step + Slide nach links: Ausgangsposition

Schritt mit dem linken Fuß nach links

Nachziehen des rechten Fußes

Step + Slide nach rechts: Ausgangsposition

Schritt mit dem rechten Fuß nach rechts

Nachziehen des linken Fußes

Slide + Step

Im Gegensatz zum Step + Slide bewegt sich hier als erstes der der Bewegungsrichtung entgegengesetzte Fuß.

Ausgangshaltung Slide + Step rückwärts

Vorderer Fuß setzt zurück

Hinterer Fuß zieht nach

Ausgangshaltung Slide + Step rückwärts

Hinterer Fuß geht nach vorn

Vorderer Fuß setzt nach

Push Shuffle

Zum Überbrücken einer größeren Distanz, zum Beispiel beim Angriff nach vorn oder beim Ausweichen nach hinten.

Der Push Shuffle ist ein wichtiger Schritt zum Überbrücken einer größeren Distanz mit explosionsartigem Nach-vorne-Gehen. Aus der hinteren, angehobenen Ferse, die wie eine Art Feder eine Vorspannung erzeugt, wird der ganze Körper wie bei einem Sprinter beim Start nach vorne abgestoßen. Das gleiche wiederholt sich beim schnellen Zurückgehen in umgekehrter Reihenfolge. Diesmal ist der vordere Fuß der Abdruckpunkt. Der Push Shuffle nach vorn wird meistens mit einem Biu Jee, einem Fingerstich zu den Augen des Gegners, ausgeführt, damit dieser den langen Schritt nach vorn nicht durch einen Stoppkick unterbricht oder abfängt.

Im Gegensatz zum Step und Slide oder Slide und Step, bei denen jeweils nur eine kurze Distanz, die in etwa die einer Fußlänge entspricht, überbrückt wird, ist der Push Shuffle zur Überbrückung jeder größeren und großen Distanz geeignet und wird dafür im JKD eingesetzt.

Er sollte so trainiert werden, dass er schnell und ohne vorbereitende Bewegungen ausgeführt werden kann. Denn nur so kann man seinen Gegner damit dann auch erreichen, ohne ihm vorher die Zeit zur Abwehr zu geben.

Ausgangshaltung Push Shuffle vorwärts

Aus der angehobenen hinteren Ferse großer Schritt nach vorn

Hinterer Fuß setzt nach und ist in etwa in der ehemaligen Position des vorderen Fußes

Ausgangsposition Push Shuffle rückwärts

Hinterer Fuß setzt großen Schritt nach hinten

Vorderer Fuß setzt nach

Pendulum Step

Ein Hin- und Herpendeln, z.B. um Distanz für einen Tritt zu bekommen.

Der Pendulum Step wird häufig zur Vorbereitung eines Trittes aus einer größeren Distanz benutzt. Hierbei wird das hintere Bein bis zur Position des vorderen Beins herangezogen, während das vordere Bein gleichzeitig zum Tritt nach vorn geht. Wichtig ist die Gleichzeitigkeit dieser beiden Aktionen, da ein Gegner sonst den Tritt sehr leicht kontern kann, wenn erst der hintere Fuß herangezogen wird. Dann stehen nämlich beide Beine kurzfristig eng zusammen und sind ihrerseits anfällig für einen Kontertritt.

Auch ist die Distanz bei diesem Tritt zu beachten. Ist die Entfernung zum Gegner zu kurz, dann ist der Pendulum eine unnütze, verräterische, Bewegung. Hier sollte lieber direkt, ohne das Heranziehen des hinteren Beines, mit dem vorderen Bein getreten werden (Shuffle Kick).

Der Pendulum Step kann durch das Variieren der Stärke des Absprungs auch zur Überbrückung größerer Distanzen genutzt werden und sollte regelmäßig auch dafür trainiert werden, damit er explosiv und kraftvoll ausgeführt werden kann.

Ausgangsposition Pendulum

Vorwärtspendulum zu Kick

Zurück in die Ausgangsposition

Ausgangsposition

Vorwärtspendulum mit Bodenkontakt

Zurück in Ausgangsposition

Step through

ist das Durchschreiten von der Rechtsauslage in die Linksauslage und umgekehrt.

Sollten es die Umstände verlangen, kann durch das Nach-vorn-Schreiten oder das Zurückgehen mit dem Step Through die Auslage gewechselt werden, ohne dass man sich dabei für einen Gegenangriff öffnet. Die Bewegung ist dabei flüssig und schnell ohne Absetzen oder Pause oder Unterbrechung durchzuführen. Es sollte auch darauf geachtet werden, dass sich bei dieser Schrittarbeit beide Beine kurzfristig eng zusammen befinden. Dabei sollte aber der eigene Unterleib geschützt werden.

Ausgangshaltung Rechts vorn

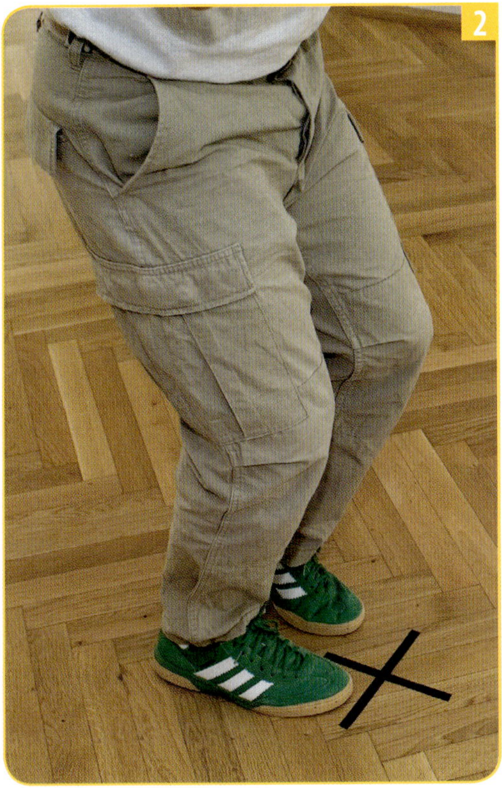

Durchschreiten

Links vorn

Curving, Turning

ist das Drehen auf der Stelle oder direkt neben der Stelle, auf der man sich gerade noch befand, zum Beispiel, um einem herankommenden Gegner auszuweichen.

Ausgangshaltung

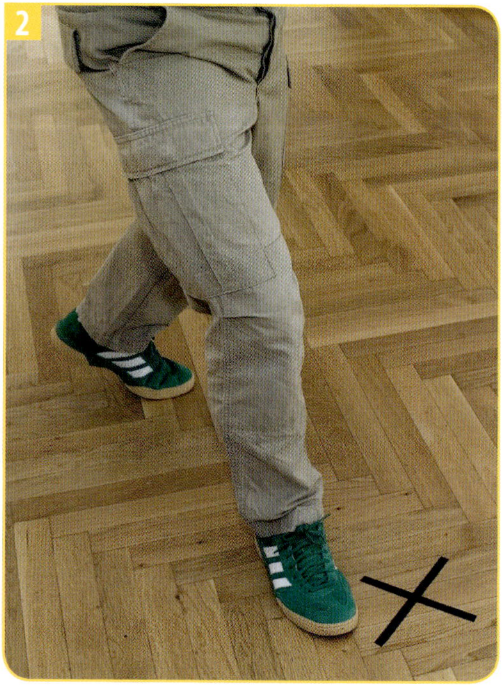

Vorderer Fuß macht einen kleinen Schritt

Hinterer Fuß macht einen großen Rundschritt

Heel + Toe Wedge

ist das Wippen zwischen der hinteren hohen Ferse und der vorderen Ferse

Dies ist eigentlich keine Schrittarbeit im Sinne von Distanzüberbrückung, sondern eher eine Fußarbeit, die einmal den Körper in Bewegung hält und/oder den eigenen Oberkörper durch das Absenken der ansonsten angehobenen Ferse des hinteren Fußes weiter nach hinten bringt und so die Distanz des eigenen Kopfes zum Gegner etwas erhöht. Dies kann eine sehr nützliche, weil kurze, Abwehrbewegung sein.

Sollte man für das Treten mit dem vorderen Bein aus welchem Grund auch immer eine Gewichtsverlagerung benötigen (zum Beispiel wegen eines glatten Untergrunds), dann ist ebenfalls diese Fußarbeit notwendig.

Des weiteren kann hiermit letztendlich die Wadenmuskulatur gut trainiert und aufgebaut werden. Ein wichtiger Vorgang, wenn man bedenkt, dass man diese Muskulatur für alle Arten von Schritt- und Fußarbeit benötigt.

Ausgangshaltung

Hintere Ferse wird abgesetzt, vordere Ferse angehoben, dadurch geht der Oberkörper leicht nach hinten und vergrößert die Distanz zum Gegner.

Es folgen Übungsdrills mit Partner, die diese Eigenschaften und die Fußarbeit einüben, zum Beispiel:

Mirror-Drill

bei dem ein Partner versucht, die Fußarbeit des anderen Partners zu spiegeln und immer in der gleichen Distanz zu bleiben.

Ausgangshaltung

Ein Partner gibt die Bewegungsrichtung vor...

...der andere versucht...

...die Bewegung zu spiegeln...

...und dabei...

...immer in der gleichen Distanz zu bleiben.

T-Shirt-Berühr-Drill,

bei dem ein Partner dem Kick des anderen nur um soviel ausweicht, dass er nicht berührt wird, aber beim Absetzen des Kicks die Distanz wieder schließen kann.

Ausgangshaltung

Florian versucht Frank zu treten, Frank weicht aus.

Florian zieht seinen Tritt zurück und Frank geht wieder in die richtige Distanz.

Die nächsten Übungsstufen stellen einige Drills mit den Handpratzen und letztendlich das Sparring dar.
Es muss dabei immer wieder Wert auf die Balance, die Gewichtsverteilung, die Richtungsveränderung sowie Leichtigkeit in der Bewegung gelegt werden. Unnütze, Energie vergeudende Bewegungen sind dabei zu vermeiden. Das Gewicht sollte auf den Fußballen lasten, um die Federwirkung der Füße zu nutzen. Die Bewegungen sollten gerade ausreichen, um das Ziel zu erreichen. Mobilität und Geschwindigkeit sind dabei die obersten Trainingsziele. Durch andauernde Veränderung der Distanz wird dabei der Gegner verwirrt.
Dies erfordert ein andauerndes Training der Fußarbeit, auch in fortgeschrittenen Gruppen.
Neben der Fußarbeit sollte gerade beim Training immer wieder darauf geachtet werden, dass

- die Balance in jeder Bewegung gewahrt werden kann,
- ein ansatzloser Richtungswechsel jederzeit möglich ist,
- eine gute Mobilität in alle Richtungen vorhanden ist,
- jede Angriffsbewegung aus jeder Fußarbeit ausgeführt werden kann,
- ebenso jede Abwehrbewegung aus jeder Fußarbeit möglich ist,
- die eigene Deckungshaltung zu jedem Zeitpunkt wasserdicht ist,
- jede Bewegung und jede Fußarbeit in unterschiedlicher Geschwindigkeit, explosiv und ohne gleichbleibenden Rhythmus ausgeführt werden kann.

Die Fußarbeit ist die Basis jeder Technik im JKD. Sie muss daher immer wieder trainiert und aufgefrischt werden. Zum Fußarbeitstraining gehören natürlich auch Seilspringen, Treppen steigen, Laufen und Joggen und andere ähnliche Übungen.

Distanz

Generell versteht man beim Training und im Kampf unter dem Begriff Distanz den Abstand zwischen zwei Kämpfern. Diese Distanz ist nie starr, sondern sie verändert sich in jedem Augenblick. Im JKD befasst sich der Trainierende weitaus intensiver mit den Auslegungen dieses Wortes. Da ist erst einmal die eigene Distanz, sprich Reichweite. Diverse Trainingsdrills und Übungen zielen im JKD auf das instinktive Erkennen der eigenen Reichweite und der intuitiv richtigen Auswahl der passenden Technik ab. Die Einteilung in Tritt-, Schlag-, Festlege- und Grappling-Distanz kann dabei verwirren. Gemeint ist damit nicht, dass zum Beispiel in der Schlagdistanz nur geschlagen werden kann/darf. Auch hier sind Tritte einsetzbar. Die Namensgebung ist relativ zur Reichweitenerkennung gedacht, und sollte trotzdem fließende Übergänge und Einsatzmöglichkeiten offen halten.

Dabei bestimmt nicht nur die eigene Distanz zum Gegner die Strategie und Taktik, sondern auch wie sich der Gegner selber in der Distanz bewegt. Man richtet seine Angriffe also nicht auf den Punkt, an dem sich der Gegner zum Zeitpunkt des Beginns des Angriffes befindet, sondern auf den Punkt, an dem der Gegner sein wird, wenn ihn der Angriff erreicht. Kämpfen ist also eine andauernde Einschätzung und Evaluierung von Distanz und Bewegung. Die eigene Mobilität sowie das Erkennen der Mobilität des Gegners sind wichtig.

Man sollte die Distanz aber auch als eigene Verteidigungslinie benutzen. Im JKD wird dies „Rim of Fire" genannt. Gemeint ist, sich selbst die meiste Zeit kurz außerhalb der Reichweite des Gegners zu befinden, bereit sich in jedem Augenblick blitzartig in die Distanz zu bewegen und den Gegner anzugreifen. Wenn man es schafft, die Distanz zu kontrollieren, kontrolliert man auch den Kampf.

Frank und Selim in der Ausgangshaltung

Frank attackiert Selims Knie mit einem Tritt

Ausgangshaltung, diesmal ist die Distanz geringer

Frank attackiert Selim mit einem geraden Führhandschlag

Wichtig ist auch zu erkennen, in welcher Distanz ein Kampf anfängt, und wie in dieser Distanz die Abfangmöglichkeiten sind. So hat z.B. der JKD-Stoppkick eine bestimmte Distanz, in der er funktioniert. Beginnt der Kampf in einer anderen Distanz, ist eine andere Technik erfolgreicher. Auch hier wird viel Wert auf die Anpassungsfähigkeit gelegt. Ein Teil des Trainings zielt auch auf die sicheren Übergänge in diverse Distanzen ab, das sogenannte „Entering". Um seine eigene Deckung beim Hineingehen in bestimmte Distanzen nicht zu opfern, werden hierfür bestimmte Taktiken trainiert.
So erfolgt das Hineingehen („Entering") in die Distanz, in der auch der Gegner schlagen und treten kann, immer unter bestmöglicher Vorbereitung. Wichtig hierbei ist die eigene Deckungshaltung, der eigentliche Angriff, die Fußarbeit und die Balance in der Bewegung. Nur ein Zusammenspiel aller dieser Elemente ermöglicht ein sicheres Hineingehen in den Angriff.

Ausgangshaltung in noch geringerer Distanz

Frank attackiert mit einem Festlegeangriff...

...und fügt einen Ellenbogenschlag dazu.

Distanzüberbrückung bei Beibehaltung der eigenen Verteidigung und Anpassungsfähigkeit ist wichtiger Bestandteil des Trainings im JKD. Ohne das richtige Einschätzen der Distanz ist ein erfolgreiches Verhalten im Kampf kaum möglich. Dabei ist die Einteilung in Tritt-, Schlag-, Trapping- und Bodenkampfdistanz etwas verwirrend. Natürlich kann man in der Schlagdistanz auch treten oder am Boden auch schlagen. Besser wäre es, die Distanz als lang, mittel und nah zu bezeichnen, denn eine Einteilung nach benutzten Techniken könnte als Ausschlussprinzip verstanden werden. Eine Übersicht über einige „Werkzeuge", die im JKD im Kampf benutzt werden, geben die folgenden Kapitel.

Dabei sind die Werkzeuge immer situationsabhängig und werden der individuellen Vorliebe des Ausführenden und der möglichen Trefferfläche angepasst. Genau hier liegt die Tücke im Detail. Die zuvor bestimmten und erwähnten Prinzipien der Eigendeckung, der Balance in der Bewegung, dem Entfernen aller unnötiger Bewegungen muss auch und gerade hier Rechnung getragen werden.

Frank und Selim in sehr kurzer Distanz

Frank attackiert mit einem Kopfstoß

Das Beherrschen der Distanz ist im JKD eine der wichtigsten Aufgaben. Zu dem Beherrschen gehören mehrere Faktoren und es lohnt sich, diese hier nochmals aufzuführen:

- Erkennen der Distanz zum Gegner.
- Wissen um die eigene Reichweite.
- Richtiges Einschätzen der Reichweite des Gegners.
- Timing für das Hineingehen (Entering).
- Eigene Deckungsarbeit.
- Gute Vorbereitung.
- Entspannte, aber vorgespannte Kampfhaltung.
- Explosive Fußarbeit.
- Richtige Distanzüberbrückung.
- Folgetechniken auf den ersten Angriff.
- Ein Notfallplan, falls der Gegner anders reagiert als erwartet.

All diese Faktoren sind in einem vernünftigen Training zu berücksichtigen, zu integrieren und immer wieder zu trainieren. Ohne die Möglichkeit, mit der Distanz richtig umgehen zu können, und ohne Verständnis für Distanzen wird es sehr schwer, einen Kampf erfolgreich zu führen.

Dies gilt insbesondere in der Selbstverteidigung, in der die Distanz immer die erste eigene Deckung darstellt. Das richtige Einschätzen des „Brim of Fire" kann hier kampfentscheidend sein.

Wichtig beim Training ist es, spezifische Drills und Übungen zu diesem Thema mit unterschiedlichen Partnern zu machen. Lange Extremitäten, große Partner, kurze Extremitäten, kleinere Partner, die sich aber eventuell schneller bewegen können und so weiter. Viele diesbezügliche Übungen können hierbei ins Sparring eingebaut werden:

- Kick mit dem vorderen Fuß vs. Führhand.
- Führhand vs. Führhand.
- Gerade Schläge vs. runde Schläge.
- Clinching vs. Fürhhand.
- Tritt und Schlag vs. Stoppschlag.
- Tritt und Schlag vs. Stopptritt usw.

Bei all diesen Übungen geht es um wichtige Eigenschaften, die es möglich machen, die Distanzen zu erkennen und sie richtig einzusetzen.

Treten

Im Gegensatz zu den Filmen mit Bruce Lee, in denen hohe, gesprungene und/oder gedrehte Kicks häufig vorkommen, werden im JKD-Training an die Trittübungen bestimmte Anforderungen gestellt, die anders als in den Spielfilmen sind, da sie sich der realen Selbstverteidigung anpassen müssen. Das heißt nicht, dass nicht auch hohe, gesprungene und/oder gedrehte Tritte aus verschiedenen Gründen im Training vorkommen können. Nur sollten Tritte im JKD aufgrund der primären Aufgabe der Selbstverteidigung nach einigen Prinzipien trainiert und ausgeführt werden.

Tritte sind dabei in der Selbstverteidigung unter den tatsächlichen Bedingungen zu sehen und auch so zu trainieren. Auf eisglatter oder matschiger Oberfläche werden wohl die Wenigsten tatsächlich hohe Tritt zum Kopf einsetzen. Man selber öffnet sich auch bei hohen Tritten oberhalb der Hüfte des Gegners sehr stark für dessen Konterangriff. Man opfert beim Treten auch immer etwas Mobilität und Balance. Die Hosen oder andere Kleidungsstücke können das eigene Treten beeinflussen. Die Schuhe sollten mit in die Überlegungen einfließen. Bauschuhe mit Stahlkappen sind anders einzusetzen als Badelatschen.

Generell sollte man bei Tritten in der Selbstverteidigung von tiefen, nicht über die Hüfte des Gegners reichenden Tritten ausgehen. Als primäre Ziele sind hier

- das Knie,
- das Schienbein,
- der Spann,
- der Oberschenkel und
- der Unterleib

zu sehen. Diese Ziele werden beim Training mit Handpratzen und anderen Zielen simuliert. Hier kann man auch Kombinationen verschiedener Tritte lernen und trainieren. Wichtig sind hier die eigene Präferenz, die Situationsabhängigkeit sowie die Lücken in der Deckung des Gegners.

- Tritte werden hauptsächlich unterhalb der Hüfte des Gegners ihr Ziel haben. Tiefe Tritte sind schneller und dadurch schwerer abzuwehren; sie sind sicherer, da der Ausführende dabei seine Balance nicht opfern muss und seine eigene Deckung nicht aufmachen muss; sie gehen auf direktem Weg zu dem nächstgelegenen Ziel.

Diese Ziele liegen meistens auf einer direkten Linie von der Ausgangsposition des Trittbeines. Schnelle, kompromisslose Ausführung gibt dem Tritt die nötige Härte. Wichtig ist, dass es kein Ausholen oder Zurückziehen des Trittbeines gibt. Derartiges signalisiert dem Gegner, dass sich der eigene Angriff gerade entwickelt, und gibt ihm so die Möglichkeit zum Konter.

Selim und Florian in Ausgangshaltung

Selim greift mit tiefem Sidekick zum Knie an...

...und folgt mit tiefem Frontkick in den Unterleib.

- Wie auch beim Schlagen wird im JKD bei Tritten nicht ausgeholt, d.h. das tretende Bein wird vorher nicht angezogen oder vorgespannt, damit der Gegner weder die Trittabsicht erkennt noch das Ziel erahnen kann. Es können auch Finten mit der Hand die Tritte einleiten.
- Nach dem Tritt wird das Bein so schnell wie möglich wieder zurückgebracht und die Struktur des Bai Jong (der Kampfhaltung) wird wieder geschlossen. Beim Treten wird sehr viel Wert auf eine dichte Verteidigungshaltung gelegt.

Ausgangshaltung

Selim täuscht einen zu kurzen Frontkick an...

...und trifft mit tiefem Sidekick

- Es ist wichtig, dass jeder Tritt mit der Bewegung des Körpers, der Fußarbeit und den Händen korrespondiert und zusammen passt. Der Fluss des Ganzen sollte nicht dem einzelnen Kick geopfert werden. Im „worst-case scenario" sollte berücksichtigt werden, dass der Kick a) sein Ziel verfehlen kann oder b) der Gegner den Tritt abwehren oder „einstecken" kann. Deshalb ist es zwingend notwendig, weitere Techniken nachfolgen zu lassen.

Ausgangsposition

Selim greift in mittlerer Distanz mit einem Tritt an...

...und folgt mit einem Führhandschlag.

- Obwohl Tritte eine größere Reichweite haben als zum Beispiel Schläge, sollte man nicht übersehen, dass man Tritte auch erfolgreich in mittlerer und naher Distanz sowie am Boden einsetzen kann.

Ausgangsposition

Selim beginnt seinen Angriff mit einem Führhandschlag...

...und endet mit einem hinteren Rundtritt ins Knie

- Tritte eignen sich hervorragend zum Überbrücken der Distanz, zum Abschluss einer Kombination, bei der der Gegner in weiterer Distanz bleibt, oder um den Gegner wieder auf Distanz zu bringen.
- Die Auswahl des Trittes und der eventuellen Fußarbeit sind eine Frage der Distanz zum Gegner. Wenn man nah genug am Ziel ist, dann braucht man keinen Pendulum oder sonstigen Schritt. Wenn man weiter weg ist und angreift, dann braucht man die für die Distanz und Ausführung des Trittes geeignete Fußarbeit. Daher sollten Tritte im Training immer aus verschiedenen Fußarbeitsmöglichkeiten heraus trainiert werden. Man sollte weder die Absicht zu treten, noch den Tritt an sich oder das Ziel vorher durch Bewegungen verraten.

Tritte sollten im Training generell als Angriffswaffe und als Verteidigungswaffe trainiert werden. Besonderes Augenmerk wird hierbei im JKD auf die Verwendung als Stoppkick bzw. »leg obstruction« oder den »jam« gelegt.

Ausgangshaltung

Andrea beginnt ihren Angriff

Frank fängt Andreas Vorwärtsbewegung mit einem „leg obstruction" ab...

...und kommt so in eine mittlere Distanz zum Führhandschlag.

Frank nutzt Andreas fehlende Balance...

...und endet mit einem Wurf.

Aus der gleichen Situation...

...kann Frank nach dem „leg obstruction"...

...im Nahkampf...

...*Andreas Abwehrhand überkreuzen*...

...*und Andrea mit einem Lap Sao und gleichzeitigem Schlag angreifen.*

Aus der gleichen Ausgangshaltung...

...kann Frank bei einem Angriff von Andrea...

...mit einem „jam" in den Angriff hineingehen...

...und Andrea im Nahkampf...

...mit Kniestoß...

...und Tritt ins Standbein angreifen.

Andrea greift mit einem Tritt an...

...den Frank mit einem „jam" beantwortet...

...und Andrea im Nahkampf...

4

...mit einem Wurf unschädlich macht.

Der Sidekick mit dem führenden Fuß zum gegnerischen Knie/Schienbein ist eine der Hauptwaffen im JKD. Gerade der (JKD-) Sidekick zum Knie und Schienbein ist gut geeignet, um weitere Techniken einzuleiten. Das liegt unter anderem in der Art der Ausführung der Technik, die man im Training sehen sollte, um die Unterschiede zur „klassischen" Ausführung zu verstehen. So wird im JKD der Sidekick vorher nicht hochgezogen und dann ausgeschnappt, bzw. die Rückführung des Trittes erfolgt direkt wieder nach unten in den Stand und nicht auf gerader Linie zurück. Für das Training des Sidekicks eignen sich harte Schienbeinschoner für den Partner am besten.

Obwohl im realen Kampf Tritte selten über die Hüfte des Gegners gehen sollten, sollte im Training Wert auf Flexibilität, Kontrolle und Kraft in den hohen Tritten gelegt werden. Dies erhöht die Schnelligkeit des tiefen Trittes. Im Training können zur Koordination und zur Körpermechanik sehr wohl hohe Tritte trainiert werden. Man sollte auch niemals hohe Tritte ganz aus dem eigenen Arsenal streichen, um für keinen Gegner vorausberechenbar zu werden. Dabei sollte im Training immer Wert auf gute Form gelegt werden. Kraft kommt durch die richtige Anwendung der Form sowie einer gesteigerten Geschwindigkeit in die Tritte.

Tritte sollten erst einzeln, dann in Kombinationen mit anderen Waffen und in jeder Distanz trainiert werden. Tritte müssen ansatzlos aus jeder Position und aus jeder Haltung sowie aus jeder Fussarbeit ausgeführt werden können. Ebenso sollte die Ausführung eines Tritts in alle Richtungen trainiert werden – Bruce Lee nannte dies 5-Star-Kicking. Also nach vorn, schräg vorn, seitlich, schräg hinten, hinten.

Schlagen

Wie bei allen Techniken im JKD stehen auch hinter den Handtechniken bestimmte Konzepte, Prinzipien und Eigenschaften.

Im JKD wird davon ausgegangen, dass ein Großteil aller Angriffe in der realen SV entweder durch die Hände erfolgen oder durch die Aktionen mit den Händen abgewehrt werden muss. Daher werden an das Training der Handtechniken einige hohe Ansprüche gestellt.

Dabei ist der Schlag mit der Führhand das Rückgrat des JKD. Mit der stärkeren Seite nach vorn ausgerichtet kann so die Führhand auch auf kurzem Weg genug Energie entwickeln, um eine große Wirkung beim Gegner zu haben. Die Führhand kann als Stoppschlag zum Anhalten der Angriffsmotivation und des physischen Angriffs benutzt werden. Sie kann einzeln oder in Kombination geschlagen werden. Die Führhand kann andere Techniken vorbereiten oder abschließen. Sie kann als Gerade, als Haken, als Uppercut, als Overhead und als Backfist geschlagen werden. Sie kann mit den unteren drei Fingerknöcheln, mit der Seite der Hand, mit den Fingerspitzen, mit den mittleren Fingerknöcheln oder mit der Daumenseite als Schlagzone auftreffen. Die Führhand sollte als Erstschlag genauso wie in Kombinationen trainiert werden.

Aber auch alle anderen Schläge sind nicht zu vernachlässigen. Obwohl die hintere Hand im JKD ca. 80% der Deckungsaufgaben erfüllt, kann sie natürlich auch für den Angriff eingesetzt werden. Fast alle Kombinationen beinhalten auch Schläge mit der hinteren Hand. Dies setzt eine gute Körpermechanik voraus, die man im Training erwerben muss.

- Handtechniken im JKD sollten immer in Kombination und Zusammenarbeit mit der Bewegung des Körpers sowie der anderen Waffen (Tritte, Knieschläge, Ellenbogen- und Kopfstöße etc.) sein.
- Vor der eigentlichen Technik sollte man entspannt, aber vorbereitet sein.
- Die Auslösung der Handtechnik sollte ökonomisch, ohne vorbereitende Maßnahmen, aus allen möglichen Positionen und in einer durchgehenden Bewegung erfolgen.

1

Franks Hände sind vor dem Schlag in Position, aber nicht angespannt

2

Ohne Ausholbewegung greift Frank direkt an

- Während der Ausführung sollte man die Ökonomie der Bewegung und der Kraftübertragung beachten: Die nach Möglichkeit direkteste Linie zum Ziel bei gleichzeitiger wasserdichter Eigensicherung in der Kampfhaltung. Der Schlag erfolgt nicht nur aus der Kraft des Armes, sondern durch das Zusammenarbeiten aller Muskeln im Körper als Kraftkette. Diese Kette beginnt in der Ferse des hinteren Fußes und läuft durch den gesamten Körper bis zur Spitze der angreifenden Hand.
- Die Technik endet erst, wenn die Hand wieder in Ausgangsposition ist. Ein Ausführen oder Trainieren der Technik nur bis zum Kontakt ohne das sichere Zurückführen der Hand ist nicht akzeptabel.

Der Schlag beginnt

Kurz vor dem Auftreffen

Kontakt mit dem Gegner

Zurück in Ausgangsposition

- Handtechniken werden immer so trainiert, dass sie fester Bestandteil aller Arten des Angriffs und der Verteidigung sind. Dabei ist immer auf die Gesamtheit des Körpers und des Angriffes bzw. der Verteidigung zu achten und nie bestimmte Teile zu isolieren oder auszulassen.
- Im JKD wird sehr viel Wert auf Geschwindigkeit, Kraft, Körperausrichtung und Effektivität gelegt. Das Training für die Handtechniken richtet sich nach diesen Ansprüchen. Trainingsziele sind, so die Kraft, Geschwindigkeit und Effektivität zu erhöhen und dabei die „telegrafischen" Bewegungen zu minimieren bzw. ganz auszuschalten. Die Hand bewegt sich dabei auf dem Weg zum Ziel vor dem Körper.
- Gute Form in der Ausführung kommt vor und bedingt Geschwindigkeit und Kraft.
- Da im JKD die stärkere, besser koordinierte Seite prinzipiell nach vorne genommen wird, kann die Führhand nicht nur als Jab oder Probe der Verteidigung des Gegners dienen, sondern auch der finale Powerhit sein. Die vordere, stärkere Hand übernimmt im JKD den Großteil des Angriffes, die hintere den Großteil der Verteidigung. Der Führhandschlag ist die Hauptwaffe im Jeet Kune Do. Daran sollte man auch das Training des Führhandschlages ausrichten. Trotzdem sollte man sich beim Training letztendlich nicht ausschließlich auf diese Ausrichtung verlassen, sondern auch für Notfallszenarien, in denen diese Ausrichtung nicht möglich ist, trainieren.

Gerade Führhand

Fingerstich zum Auge mit der Führhand

Führhand-Fingerstich zum Hals

Haken mit der Führhand

Schlag auf das Ohr mit der Führhand

Griff zum Hals des Gegners

Griff in die Haare des Gegners

- Im Training sollten Schläge auf verschiedenen Trainingsoberflächen trainiert werden und es sollte Wert auf die Unterscheidung zwischen Schlägen und Stößen gelegt werden. Ein Schlag penetriert mit einer Schnappbewegung ca. 1 bis maximal 2 cm das Ziel, das heißt, es wird immer unter die Oberfläche des Zieles gezielt. Ein Stoß stößt bis zur Oberfläche vor.

Ausgangshaltung

Gerade Führhand

Gerade Schlaghand

Vorderer Haken

Hinterer Haken

Vorderer Uppercut

Overhead

Hinterer Uppercut

Backfist

Hammerfaust

Vorderer horizontaler Ellenbogen

Hinterer horizontaler Ellenbogen

Fingerstich (Biu Jee)

- Generell werden Schläge im JKD mit einer peitschenartigen Bewegung des Armes (Schnappen) ausgeführt, eine Anspannung der Muskeln und ein Verhärten der Faust erfolgen nur im Moment des Auftreffens. Die Kraft des Schlages resultiert aus der Tatsache, dass die Arme nur die Verlängerung des Körpers sind. Man schlägt seinen Gegner mit der Kraft des ganzen Körpers.

Ausgangshaltung

Führhand

Schlaghand

Haken

Haken

Uppercut

Uppercut

Overhead

Backfist

Hammerfaust

Ellenbogen

Ellenbogen

Fingerstich

- Jede vorbereitende Bewegung, jedes Ausholen, jede Gewichtsverlagerung, jedes „in Stellung gehen" verrät dem Gegner die Absicht und sollte vermieden werden.

Denn ein Gegner, der nicht nur die Absicht, sondern auch die eingesetzte Waffe erkennen kann, wird nicht mehr zu treffen sein. Daher ist es gerade für die Selbstverteidigung wichtig, den ersten Schlag ohne vorbereitende Bewegungen zu trainieren, um so der Erste zu sein, der einen Wirkungstreffer setzen kann.

Ausgangshaltung: Selim in Kampfhaltung, Florian hält die Pratze und beobachtet Selim

Selim holt aus – Florian bringt die Pratze außer Reichweite

Selim beugt sich vor dem Schlag nach vorn – wieder keine Pratze

4

Selim bewegt den Fuß vor dem Schlag – kein Ziel

5

Selim bewegt die Deckungshand – wieder kein Ziel

6

Nur wenn Selim ohne verräterische Bewegung angreift, wird er die Pratze treffen

Die gleiche Übung kann man auch ohne Handpratze aus der neutralen Haltung machen:

Frank und Florian stehen sich gegenüber.

Frank holt aus – Florian ist vorbereitet...

3

...auch bei einer Gewichtsverlagerung...

4

...oder einem Schritt nach vorn...

5

...oder einem Nach-vorne-Lehnen ist Florian bereits in Abwehrhaltung..

6

7

Nur bei einem direktem Schlag ohne verräterische Bewegung, kann Frank Florian richtig treffen.

- Geschlagen werden die Handtechniken nicht bis zum Ziel, sondern immer einige Zentimeter durch das Ziel! Dies verhindert ein Abbremsen und damit einen Kraftverlust der Schlagtechniken.

Trapping im JKD

Trapping ist im JKD das zeitlich begrenzte Festlegen der Extremitäten oder anderer Teile des Körpers des Gegners mit dem vorrangigen Ziel, ihn zu schlagen. Dass das primäre Ziel dabei das Schlagen des Gegners ist, sollte hier nochmals sehr stark betont werden. Es geht nicht darum, Hände, Arme, Beine des Gegners zu jagen. Es geht darum, den Gegner entscheidend zu schlagen und entweder etwaige Barrieren auf diesem Weg wegzuräumen oder den Gegner durch das Festlegen bestimmter Teile seines Körpers so in Position zu bringen, dass man ihn treffen kann.

Neben dem Trapping aus dem Wing Chun, das im JKD verblieben ist, werden im JKD auch andere Formen des Festlegens benutzt. Dies kann ein Overhook oder Underhook aus dem Ringen sein, das Greifen der Haare des Gegners, das Festlegen des vorderen Fußes und ähnliche Techniken. Es ist nicht wichtig, woher die Methode oder die Technik kommt, solange sie sich nach den Prinzipien des JKD ausführen lässt und somit in die persönliche Methode des Ausführenden passt. Alle diese Techniken unterwerfen sich jedoch einem Ziel: dem Treffen des Gegners.

Im Training werden dabei verschiedene Arten von Trapping unterschieden:

- Das Trapping, das ohne Absicht bei einer anderen Angriffsart passiert. D.h., es wird zum Beispiel mit Single Direct Attack angegriffen und der Gegner erschafft eine Barriere, um den Angriff zu blocken. Nun ergibt sich eine Möglichkeit, diese Barriere aus dem Weg zu räumen und den Gegner damit in eine schlechtere Verteidigungssituation zu bringen.

1

Ausgangsposition

2

Mario blockt Franks ersten Schlag mit seiner vorderen Hand

3

Frank „trappt" diesen Block mit Lap-Sao und schlägt mit der hinteren Hand

4

Frank setzt mit dem Herausnehmen der festgelegten Hand und einem Körperschlag nach.

- Das Trapping in der Verteidigung ist eine weitere Option. Hierbei wird der Angriff des Gegners durch einen Konter abgefangen und es ergibt sich hierbei die Möglichkeit zum Trapping.

Ausgangsposition

Frank fängt Marios Angriff mit einem Pak Sao ab und beginnt einen eigenen Führhandschlag

Franks Führhandschlag trifft

Frank blockiert Marios Führhandschlag und schlägt selber eine Führhand

Als Mario seine Faust zurück nimmt, bleibt Franks Deckungshand dran und seine Führhand versucht, unter dem festgelegten Arm zu rollen

Mario blockiert Franks Hammerfaustangriff mit seiner hinteren Hand

Frank benutzt einen Loy Pak Sao und schlägt mit seiner Führhand

- Der Trapping-Angriff. Es gibt Arten von Gegnern, bei denen man mit einer anderen Angriffsart nicht zum Erfolg kommt. Hierbei bietet sich die Möglichkeit, zusammen mit dem Schlag oder Tritt den Gegner festzulegen und so zum Erfolg zu kommen. Hierbei können Finten und Täuschungen zum Vorbereiten der Trapping-Technik von Nutzen sein.

1

Ausgangsposition

2

Frank legt Marios vorderen Arm fest und schlägt, Mario blockiert mit dem hinteren Arm

3

Da Mario überblockt, versucht Frank mit einem Fingerstich des linken Arms zu Marios Gesicht zu kommen

4

Da Frank mit dem Fingerstich nicht richtig durchkommt, benutzt er einen Lap Sao an Marios hinterem Arm, um die Arme seines Gegners zu überkreuzen und für seinen Führhandschlag freie Bahn zu haben

- Im Infight während einer Auseinandersetzung kann es aufgrund von Infight-Positionen zum Clinchen kommen. Generell wird der Clinch im JKD auch als Trapping trainiert, da hier Teile des Körpers oder der Körper des Gegners blockiert werden, um den Gegner zu schlagen.

Dabei ist der Clinch etwas näher am Körper des Gegners und führt nahtlos vom Trapping in das stehende Grappling über. Eine Unterscheidung dieser Distanzen ist dann manchmal fraglich und überflüssig, weil sich beim Kämpfen sowieso andauernd die Distanzen verändern. Doch sollte man den Clinch auch in der Selbstverteidigung trainieren, einmal aus Sicht der eigenen Angriffe und auch aus Sicht der Verteidigung gegen Angriffe des Gegners im und aus dem Clinch.

Haare festhalten

Ohren greifen

Genick festhalten

Genick kontrollieren

Arm einklemmen

Arm einklemmen

Kopf greifen

Kopf- und Armkontrolle

Beide Arme werden kontrolliert

Arm und Hand wird kontrolliert

Oberkörperkontrolle

Kinnkontrolle

Arm- und Kopfkontrolle

Trapping beinhaltet im JKD nicht nur das vom Wing Chun bekannte Festlegen der Arme oder Beine, sondern bietet durchaus auch noch Techniken zum Festlegen des Kopfes (Haare ziehen) oder des Körpers (Clinchen in verschiedenen Ausführungen). Auch Techniken, die den Gegner durch Körpermanipulationen aus der Balance und dadurch aus einer festen Verteidigungshaltung bringen, werden trainiert.

Dabei muss jede Trapping-Technik den Ansprüchen an die Technik-Ökonomie und die Synchronisation mit dem Anwender, dem Gegner und der Anwendung an sich genügen. Eigene Lücken dürfen beim Trapping nicht entstehen. Man sollte immer auf ein Zurückweichen des Gegners als Konter gefasst sein und mit anderen Angriffe folgen können.

Gewisse Anforderungen und Eigenschaften, die man haben muss, um Trapping-Techniken erfolgreich anwenden zu können, setzen ein stetes Training voraus. Sensitivität, Distanzgefühl, Balance, Ökonomie der Technik, Struktur, Druck und Geschwindigkeit sind einige davon.

Wichtig ist dabei, dass Trapping nicht als Selbstzweck angesehen wird. Es kann vorrangig nicht darum gehen, den Gegner nur festzulegen. Primär ist immer das Schlagen des Gegners das Ziel.

Im Training wird gerade in diesem Bereich sehr viel Wert auf bestimmte Übungsdrills wie z.B. Chi Sao gelegt. Dies ist allerdings von Instructor zu Instructor verschieden. Letztendlich ist auch das Trapping oder der Infight eine von mehreren Distanzen, die trainiert werden müssen.

Jede Schule wird hier andere Gewichtungen legen, manche werden bekannte Drills übernehmen, andere diese abwandeln oder neue entwickeln. Wichtig ist jedoch, den Trainierenden auf mögliche Eventualitäten vorzubereiten und ihn in Hinblick auf die Selbstverteidigung zu schulen – dies gilt für den Angriff genauso wie für die Verteidigung gegen derartige Techniken.

1

Ausgangsposition

2

Angriff mit Jao Sao, Selim blockt mit seiner hinteren Hand

Frank macht Jut Sao und attackiert gleichzeitig mit Biu Jee links

Nach dem Biu Jee erfolgt ein Festlegen beider Arme mit Gum Sao und ein Schlag mit der Führhand

Grappling im JKD

Es gibt Kampfkünste, die erwecken den Eindruck, alle Kämpfe würden auf dem Boden landen. Dies ist in der Realität und nach Erfahrung nicht immer der Fall. Aber eine bemerkenswerte Anzahl aller realistischen Kämpfe geht ins Grappling, das heißt entweder in den Clinch oder in den Bodenkampf.

Insbesondere in der Selbstverteidigung werden viele Auseinandersetzungen mit Schlag- und Tritttechniken entschieden (MMA-Events werden hier nicht betrachtet). Aber: Viele Kämpfe gehen zu Boden! Nicht, weil man selber das unbedingt möchte, sondern weil es der Gegner oder der Kampfverlauf oder der Untergrund, auf dem man kämpft, es verlangen oder bedingen. Es passiert manchmal einfach. Ein Gegner kann einen werfen oder überrennen, der Kampfverlauf im Clinch kann zum Straucheln beider Gegner führen und der Boden kann nass, vereist, rutschig oder mit Hindernissen belegt sein. Kämpfe gehen auf den Boden! Den Bodenkampf zu vernachlässigen wäre für jede Kampfkunst, die sich mit dem Thema Selbstverteidigung beschäftigt, eine Todsünde.

Kein realer Kampf endet nur deswegen, weil ein Gegner am Boden liegt. Kein Kampf endet nur deswegen, weil beide Gegner zusammen zu Boden gehen. Man muss in der Lage sein, sich in jeder Situation angemessen zu verteidigen und anzugreifen. Dabei sind filigrane Hebel sicherlich interessant, jedoch für die Selbstverteidigung eher nicht zu gebrauchen. Die gleichen Prinzipien, die im Standkampf gelten, gelten auch hier am Boden. Und neben den ganzen Positionen, Hebeln und Würgern sollte man in der SV die Schläge und Tritte sowie das „Unfaire Spiel" wie zum Beispiel Kratzen, Beißen, Augenstechen, Kneifen – ja sogar Kitzeln – nicht übersehen und vernachlässigen.

Verschiedene Clincharten

Kopf und Arm

Thaiclinch

Kopf- und Bizepskontrolle

High Bearhug

Armdrag

Underhook

Low bearhug

Kopf- und Handkontrolle

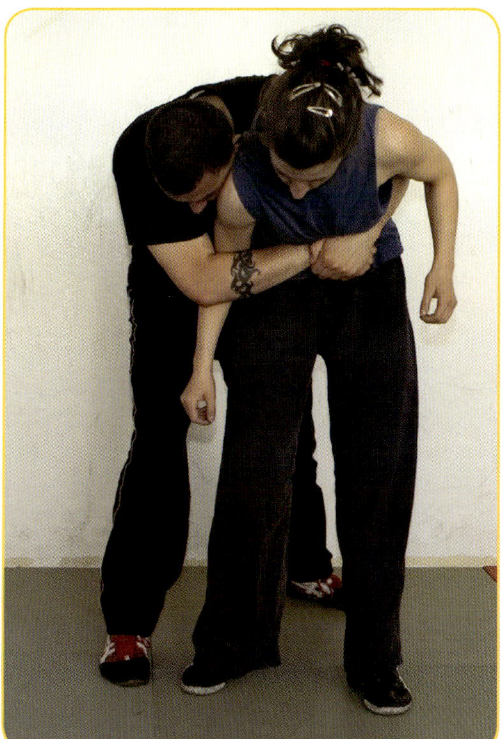

Kontrolle von hinten mit Arm

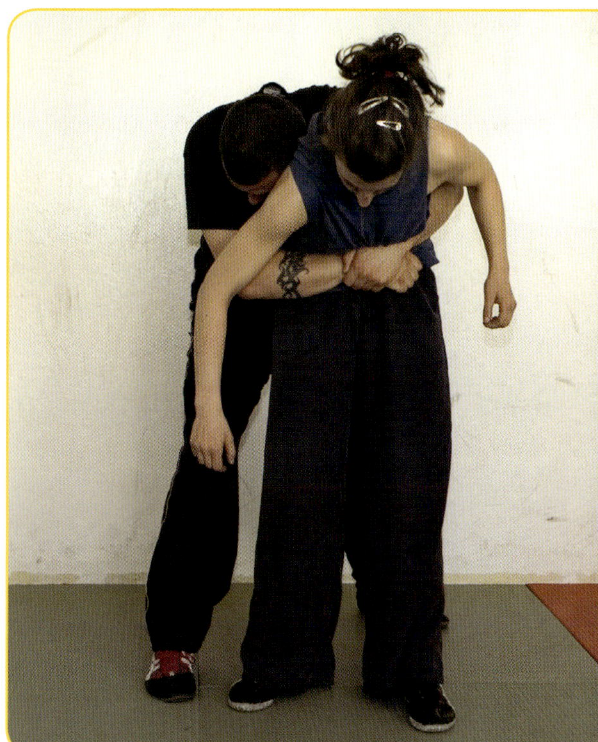

Kontrolle von hinten ohne Arm

Das Grappling beginnt im Grunde schon in der zuvor erwähnten Trappingdistanz. Im Unterschied zum Trapping aber ist hier nicht unbedingt das Schlagen des Gegners das Ziel, sondern viel mehr das Brechen der gegnerischen Balance oder das Verändern der gegnerischen Verteidigungshaltung. Im Clinch ergeben sich Waffen wie zum Beispiel

- Ellenbogen
- Kniestöße
- Kopfstöße
- Schläge mit der Schulter
- Stampftritte

sowie alle zuvor erwähnten Waffen. Ein Verständnis der eigenen Körpermechanik und der Manipulation der Körperstruktur des Gegners wird hier geschult.

Kontrolle der gegnerischen Balance

Guillotine

Guillotine mit Armkontrolle

4

Headstock

5

Genickhebel

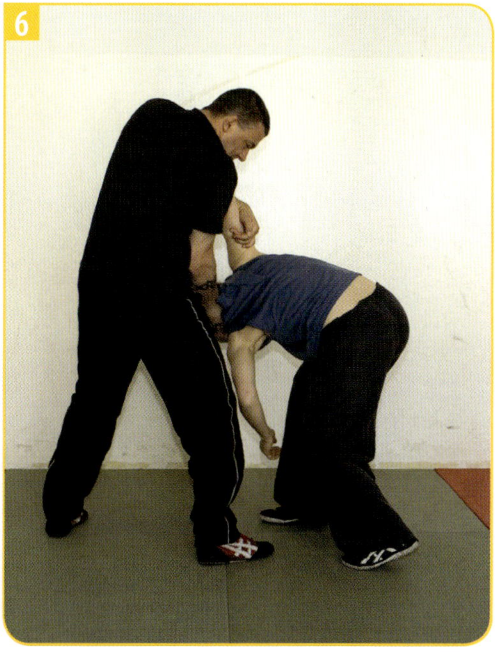

6

Arm und Kopfwurf

Ein Kampfverlauf, bei dem ein Gegner den anderen wirft und dieser dann praktisch regungslos am Boden bleibt und der Kampf somit beendet ist, ist ebenfalls unrealistisch oder äußerst selten. Bodenkampf ist nicht so einfach.

Daher sollte man in beiden Situationen trainiert sein:

- Stehend vs. Liegend und
- Liegend vs. stehend,

um sich angemessen verteidigen zu können. Hierhin gehört auch das Training des Wiederaufstehens.

Andrea und Frank im Infight

Frank bringt Andrea aus der Balance...

...und wirft sie.

Der Bodenkampf sollte in der SV nicht gesucht werden, aber wer fragt schon danach. Bodenkampf schränkt ein, behindert. Er behindert die sichere Flucht, er behindert gegen mehrere Gegner und er behindert noch mehr, wenn Waffen ins Spiel kommen. Er behindert die eigene Bewegung und die Bewegung des Gegners.

3

Wurf nach hinten

1

Im Infight

2

Bearhug

4

Overturn-Position

Das wichtigste beim Bodenkampf ist die Kondition des Kämpfers. Durch die unzähligen Möglichkeiten des Kampfverlaufes am Boden und der weiteren Verschiebung des Kraftaufwandes aus dem aeroben hin zum noch mehr anaeroben Bereich gegenüber dem Standkampf ist diese Art der benötigten Kondition kampfentscheidend. Bodenkampf erinnert vom sportlichen Aspekt her sehr an Wettkampfschwimmen, man benötigt viel und lange Kraft, ohne dabei richtig Luft zu bekommen. Und es werden Muskeln benutzt und benötigt, von denen man vorher gar nicht wusste, dass man sie hat.

Clinch

Frank dreht sich ein

Wurf

Frank kontrolliert Andrea am Boden

Richtiges Bodenkampftraining ermöglicht eine Art Sensitivität, die dem Chi Sao-Drill im Standkampf ähnlich ist. Nur dass hierbei eine Art Ganzkörpersensitivität erlernt wird. Das Gefühl für die Gewichtsverteilung des Gegners, für Balanceverlagerung, für bestimmte Anspannungen kurz vor dem Schlagen sowie für die Bewegungen, die letztendlich zu einem Hebel oder Würger führen, müssen gespürt werden, um sie zu kontern.

Denn wenn die Distanz so gering ist und das Sichtfeld durch den eigenen oder durch den Körper des Gegners eingeschränkt ist, kann man sich nicht auf die visuelle Wahrnehmung verlassen. Hier ersetzen die Erfahrung und das Fühlen das Sehen. Die richtige Technik zur richtigen Zeit kann in jeder Distanz entscheidend sein – aber auch jeder Fehler. Deswegen darf man das Grappling nicht vernachlässigen.

1

Schlag

2

Ansatz eines Aushebers

3

Ausheber und Wurf

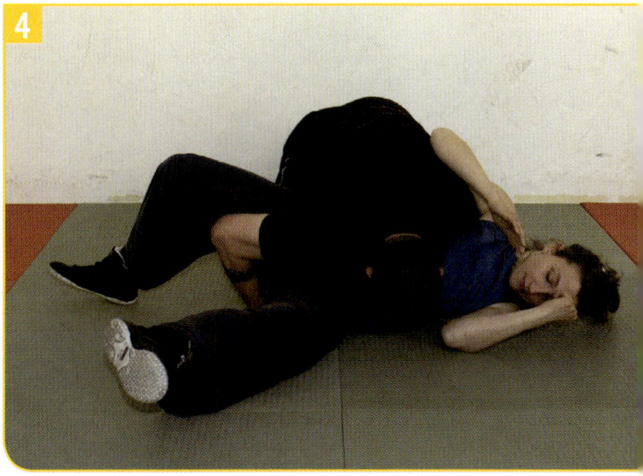
4

Wurf mit Bodenkontrolle

Schlagen, Treten und der Einsatz von Knie, Ellenbogen und Kopfstößen am Boden ist sehr wichtig. Obwohl es einfach und logisch erscheint, sind viele überrascht, wie man seine Körpermechanik am Boden im Vergleich zum Standkampf ändern muss, um diese Waffen erfolgreich am Boden einzusetzen. Das gleiche gilt für die Verteidigung gegen diese Techniken.
Das Training im Bodenkampf sollte natürlich auch die stehenden Elemente im Clinch und die der Würfe beinhalten. Wenn man ein Gespür für die Würfe und die Aktionen, die im Clinch entstehen können, hat, dann kann man sich auch dagegen verteidigen. Je untrainierter die Gegner sind (oder einer der beiden ist), desto höher ist die Wahrscheinlichkeit, dass der Kampf zu Boden geht.

Der stehende Gegner kann zwar nicht schlagen..

...aber Rundtritte und...

...Stampftritte sind hier sehr gefährlich.

Das Training von Tausenden von Hebeln, Würgern und deren Variationen ist der Selbstverteidigung wohl eher unnötig. Man selber sollte wissen, wie man sicher seinen Gegner am Boden besiegt oder sich gegen seine Angriffe verteidigt. Befreiungen aus Positionen, das Verhindern der häufigsten und bekanntesten Hebel sowie die Schlagverteidigung haben hier Vorrang.

1

Andrea in Overturn Position

2

Angriff gegen das Schienbein des Gegners

3

Abwehr von Tritten

Konterangriff

Abwehrhaltung

Block des Tritts

Deckung durch Arme

Gegenangriff auf den Unterleib

Abwehrhaltung

Angriff auf das Knie des Gegners

Tritt zum Kopf

Angriff auf den Fuß

Angriff auf den Gegner

14

Distanz machen

15

Abstützen

gesichertes Aufstehen

Verteidigungsbereit im Stand

Der Bodenkampf eröffnet ein weites Feld in der Selbstverteidigung und im Kampf. Wer sich damit nicht beschäftigt, hat einen fatalen Fehler begangen, wenn er in die Lage kommt. Und verteidigen kann man sich am besten gegen Dinge, die man auch kennt. Traumangriffe von ausgedachten „Ringern" und deren Abwehr sind Trainingsszenarien, die ein an ernsthafter Selbstverteidigung interessierter Kampfkünstler nochmals realistisch überdenken sollte.

Frank im Mount bei Andrea

Frank legt Andreas Arm fest um sie zu schlagen

Andrea kontert mit Biu Jee...

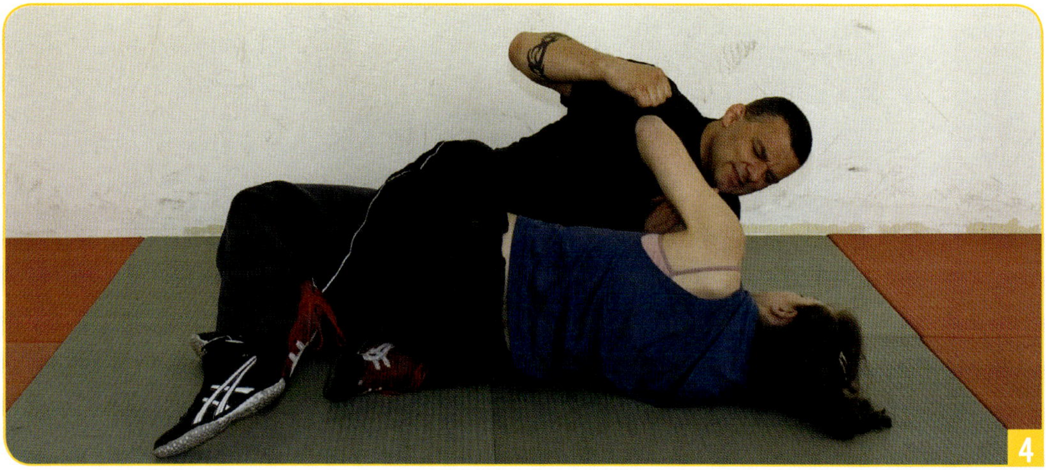

4

...und legt Franks Seite fest, um ihn zu rollen.

5

Andrea im Guard von Frank

6

Aufstehen mit Tritt

Viele Konzepte und Prinzipien aus dem Standkampf lassen sich auch am Boden, teilweise mit technischen Modifikationen, umsetzen. Nur lernen und trainieren muss man das vor Ort – so realistisch wie möglich.
In der Selbstverteidigung ist der Bodenkampf nicht unbedingt das Ziel, das man suchen sollte. Der Bodenkampf bringt gerade hier viele Nachteile mit sich. Aber man muss bedenken, dass man sich das nicht immer aussuchen kann. Wenn man zu Boden muss und diese Distanz nicht trainiert hat, dann ist es meistens zu spät.

1

Ein Trainingsszenario mit mehreren Angreifern

2

Andrea versucht, sich mit Selims Körper zu schützen...

3

...und Selim dabei auf den anderen Gegner zuzurollen...

4

...um den Angriff von Florian zu behindern...

5

...und um so sicher aufzustehen.

Die fünf Arten des Angriffs

Durch das Studium von Super-8-Filmen, Büchern und Boxkämpfen im Fernsehen kam Bruce Lee zu der Theorie, dass sich alle Angriffe in fünf verschiedene Angriffsmöglichkeiten einordnen lassen. Diese Einteilung wurde eines der Hauptprinzipien des JKD. Aus diesen Beobachtungen formulierte er

Jeet Kune Do's Five Ways of Attack:

1) SDA (Single Direct Attack oder Simple Direct Attack)
2) ABC (Attack by Combination)
3) HIA (Hand Immobilization Attack)
4) PIA (Progressive Indirect Attack)
5) ABD (Attack by Drawing)

Die Möglichkeit, alle Angriffe in diese Gruppen zu organisieren, bietet dem Trainierenden eine Struktur für das Training und für den Kampf. Es sind nicht mehr Zigtausend von unterschiedlichen Angriffen, es sind immer Angriffe aus einer dieser Gruppen. Dadurch kann man im Training lernen, mit den unterschiedlichen Angriffsarten umzugehen. Die meisten Angriffsarten lassen sich dann auch einem bestimmten Gegnertypus zuordnen:

1) Aggressiv
2) Passiv
3) Konterkämpfer

Außerdem kann man seine eigenen Angriffe strukturiert trainieren und sie isoliert in Sparringsübungen testen.

1. SDA (Simple Direct Attack oder Single Direct Attack)

Ein direkter Angriff besteht aus einer Bewegung, einer Technik. Diese Technik sollte einfach und direkt auf das Ziel ausgerichtet sein. Die Aufgabe ist es, die Trefferfläche auf dem direktesten und einfachsten Weg zu erreichen. Obwohl es die simpelste der Angriffsarten ist, ist sie am schwierigsten erfolgreich abzuschließen, da man hier verschiedene Eigenschaften wie Timing, Geschwindigkeit, tiefes Eindringen in die Verteidigung des Gegners, Kraft usw. braucht. Der einfache direkte Angriff findet entweder auf der gegnerischen Angriffslinie oder der direkt entgegengesetzten Linie statt – er trifft den Gegner in seiner Vorbereitung oder in einem Moment der Unachtsamkeit.

Wen man einen SDA ausführt, schlägt man tief in die Verteidigung des Gegners, bevor dieser kontern kann, ohne den Angriff oder den Weg des Angriffs zu verstecken oder zu verschleiern. Der Angriff findet mit der längsten Waffe zum nächsten Ziel statt (your longest weapon to the closest target).

1

Ausgangshaltung

2

SDA: Seitlicher Fußtritt

Ausgangshaltung

SDA: Gerade Führhand

Ein weiterer SDA ist der Simple oder Single Angular Attack (SAA), ein Angriff aus einem bestimmten Winkel. Hierbei wird der eigene Körper so in eine Position zum Gegner gebracht, dass beim Gegner eine Lücke in der Deckung entsteht. Der Angriff trifft den Gegner daher aus einem Winkel und nicht frontal. Er ist somit für den Gegner bedeutend schwerer abzuwehren oder kann direkt in eine Lücke geschlagen werden, die der Angriff des Gegners öffnet. Das heißt, wenn der Gegner angreift, muss er zwangsläufig einen Teil seiner Deckung öffnen. Zu dieser Lücke zu gelangen und diese zu attackieren kann unter anderem ein Single Angular Attack sein.

Ausgangsposition

SAA: Faustschlag

Ausgangsposition

SAA: Tritt

2. ABC (Attack By Combination)

ABC ist eine Serie von Angriffen, die schnell aufeinander, natürlich und „lebendig" folgen. Dabei wird mehr als eine Stelle am Gegner angegriffen. ABC besteht meistens aus Set-ups, die eine Verteidigungslinie angreifen, um die andere zu öffnen, die dann aber der eigentliche Angriffspunkt ist. Hierbei muss die Kombination aggressiv genug sein, um den Gegner in die Defensive zu zwingen. Kombinationsangriffe bedingen das Verständnis von Eigenschaften wie Rhythmus und Kadenz, Zeit und gebrochener Rhythmus, Körpermechanik und Sensitivität.

Vorkampfstellung

Frank greift an mit Führhandschlag...

...Cross...

...tiefem Schlag zum Unterleib.

3. IA (Immobilization Attack)

IA sind alle Immobilisierungsangriffe, bei denen die Extremitäten oder Teile des Körpers des Gegners festgelegt oder gehalten werden mit dem primären Ziel, den Gegner mit einem Angriff zu treffen. Hierbei wird versucht, die Extremitäten des Gegners festzulegen (Trapping), während man die Angriffslinie besetzt. IA können einzeln oder in Kombinationen auftreten.
Dabei geschieht das Festlegen entweder zufällig oder intuitiv. Das Festlegen ist ebenfalls zeitlich limitiert und dient nur dem Zweck, den Gegner zu treffen.
Festgelegt werden können u.a. die Arme, die Beine, der Kopf oder im Clinch der Körper des Gegners. Dieses Festlegen ist aber ein sekundäres Mittel, um das primäre Ziel, das Schlagen des Gegners, zu erreichen.

1

Vor dem Angriff

2

Pak Sao mit Schlag

3

Lap Sao mit Schlag

Vor dem Angriff

Pak Sao mit Biu Jee

Haare greifen

Haare ziehen zur Kopfkontrolle

Schlag zum festgelegten Kopf

4. PIA (Progressive Indirect Attack)

PIA ist das Benutzen einer Finte oder eines direkten Schlages, der eigentlich nicht treffen, sondern die Deckung öffnen soll. Der eigentlich Schlag folgt daraufhin sofort und ohne Zurückziehen der ersten Finte. PIA wird meistens bei Gegnern angewendet, die eine sehr gute Deckungsarbeit haben und schnell reagieren. Wichtig ist dabei, dass bei PIA die Bewegungen offensiv nach vorne ausgeführt werden – ohne Unterbrechungen oder Zurückziehen. PIA besteht aus einer Bewegungssequenz. Der PIA ist der Komplementär-Angriff des SDA. Man kann beide, den simplen direkten Angriff und den progressiven indirekten Angriff, sehr gut abwechselnd oder vorbereitend für den anderen einsetzen.

Ausgangssituation

Frank täuscht Biu Jee an, um Florians Aufmerksamkeit nach oben zu lenken

Frank trifft mit tiefem Fußtritt

Vorkampfsituation

Frank täuscht Tritt an...

...und trifft mit Biu Jee.

5. ABD (Attack By Drawing)

ABD ist das Locken des gegnerischen Angriffes, um diesen dann zu kontern. Hierbei muss nicht nur der spezielle Angriff auf einer speziellen „offenen" Linie provoziert werden, sondern ein erfolgreicher Konter muss schon geplant sein. Die wahre Absicht, das Kontern, muss hierbei gut versteckt sein. ABD ist die am schwersten umzusetzende und eine sehr risikoreiche Art des Angriffes, da hierbei die Reaktion des Gegners richtig eingeschätzt werden muss.

Ausgangssituation

Frank lässt seine Deckungshand tief, um einen Schlag von Florian zu provozieren

Frank trifft mit Schlag und deckt damit gleichzeitig seine Lücke wieder zu

Vorkampfhaltung

Frank senkt die Führhand und provoziert einen Angriff von Florian

Frank trifft mit Führhand und schließt dabei seine Deckungslücke wieder

Der Angriff

Im JKD wird der Angriff als beste Verteidigung angesehen und gegenüber der reinen Abwehr bevorzugt. Daraus folgt, dass gerade dieser wichtige Vorgang bestimmten Prinzipien unterliegt.

Auf der anderen Seite birgt diese Einstellung zur Selbstverteidigung auch zwei Gefahren:

- Es ist einerseits nicht jedermanns Sache, einen rechtswidrigen Angriff aggressiv durch Vorgehen und Schlagen als erster zu beenden. JKD ist nicht für jeden. Es bedarf einer speziellen Einstellung zum Kampf, zum gradlinigen, nicht zögerlichen Hineingehen in den gegnerischen Angriff. Dies sind keine „sanften Mittel", kein „Aufnehmen der gegnerischen Energie" oder ähnliche Prinzipien. Es geht um das Zuvorkommen, das Schnellersein – sicherlich nicht jedermanns Sache.
- Die Problematik der Selbstverteidigung im Gesetz. Einen juristischen Rat zu geben sprengt die Grenzen dieses Buches. Es ist jedoch in der bundesdeutschen Rechtssprechung so, dass man einen rechtswidrigen Angriff schon zu Beginn abwehren darf. Man muss nicht erst warten, bis der Gegner einen trifft. Denn dann ist es meistens schon zu spät.

Damit der Angriff im JKD erfolgreich ist, unterliegt er speziellen Angriffsprinzipien.

Diese Angriffsprinzipien lauten:

- Längste Waffe zum nächsten Ziel. Es ist essentiell wichtig für einen erfolgreichen Angriff im JKD, schnellstmöglich den Kontakt durch Schlag oder Tritt zum Gegner aufzunehmen. Hierzu wird mit der längsten Waffe (z.B. dem tiefen Sidekick) das am nächsten liegende Ziel am Gegner (z.B. sein Knie) angegriffen. Dies verkürzt die Reaktionszeit des Gegners und ermöglicht durch den geringen Weg eine höhere Trefferquote. Um dabei Kraft zu übertragen, müssen die ersten Techniken mit Geschwindigkeit und einem „Schnappeffekt" durchgeführt werden.

Vorkampfstellung

Seitlicher Fußtritt zum vorderen Knie des Gegners

- Nicht-telegrafische Bewegungen. Alle Angriffsbewegungen sollten direkt und ohne unnütze oder unnötige Bewegungen (Ausholen, Gewichtsverlagerung etc.) ausgeführt werden. Auch dies verringert die Chance des Gegners, den Schlag oder Tritt kommen zu sehen und zu reagieren. Gleichzeitig sollte auch trainiert werden, auf derartige verräterische Anzeichen beim Gegner zu achten und diese entsprechend zu beantworten. Eine angehobene, zurückgezogene Faust ist ein Anzeichen für einen bevorstehenden Faustschlag. Länger muss man nicht warten, hier muss ein Stoppschlag erfolgen.

Neutrale Position

Andrea macht eine verräterische Bewegung, indem sie zum Schlag ausholt

Frank unterbricht Andreas Angriff und trifft mit Führhandschlag

- Bai Jong. Alle Bewegungen im JKD erfolgen aus dem Bai Jong, um so eine größtmögliche Mobilität bei gleichzeitigem Eigenschutz sicher zu stellen. Über die Vorteile und Prinzipien des Bai Jong wurde in einem früheren Kapitel schon eingegangen. Er ist nach Möglichkeit sofort bei Beginn einer Selbstverteidigungssituation einzunehmen.
  Es ist allerdings nicht immer möglich, rechtzeitig erst seine Vorkampfhaltung einzunehmen. Daher sollten alle Abwehrbewegungen und alle Erstangriffe im JKD auch aus anderen, neutralen Haltungen trainiert werden.

Ansatz zum Cross

Frank trifft mit Cross

- Kontrolle über die eigene Fußarbeit. Um erfolgreich kämpfen und angreifen zu können, muss man eine flüssige, entspannte und ausreichend abwechslungsreiche Fußarbeit haben. Die Fußarbeit ist die Plattform, von der alle Angriffe gestartet werden.

Vorkampf

Frank bewegt sich in Florians Angriff und stoppt diesen mit Pak Sao und Schlag

Frank benutzt einen Innen-Pak Sao für den zweiten Schlag.

...und greift Florians Kopf...

...um mit Kopfstoß seinen Angriff zu beenden. Dabei hat sich Frank kontinuierlich vorwärts bewegt.

- Das Erkennen der Schwäche des Gegners. Durch Sparringsübungen beispielweise muss man geschult sein, den bestmöglichen Angriffszeitpunkt zu erkennen, z.B. wenn der Gegner einen eigenen Angriff vorbereitet, ungedeckt vorgeht, hochwippt, abgelenkt ist etc.

Vor dem Angriff. Andreas Stellung ist zu eng

Franks Angriff bringt Andrea aus der Balance

- Distanz. Es ist wichtig, die eigene Reichweite zu kennen, so dass der eigene Angriff mit Kraft und explosionsartig zum Ziel durchgeführt werden kann.

1

Vor dem Angriff

2

Frank bewegt sich in die Reichweite und greift mit Führhandschlag an

- Zurücknehmen der Waffe. Nach jedem Angriff muss die Angriffswaffe schnellstmöglich in ihre Ausgangsposition zurück geführt werden. Ein Gegner, der viel und gern kontert, findet hier ansonsten sein Einfalltor. Die Waffen kehren unverzüglich zu ihrer Stellung im Bai Jong zurück.
- Wasserdichte Verteidigung. Während des Angriffs ist es wichtig, sich selber so wenig wie möglich für einen Konter des Gegners zu öffnen, d.h. alle Waffen, die nicht benutzt werden, bleiben in ihrer Verteidigungshaltung.
- Mut und Entschlossenheit. Ein Angriff auf den Gegner unter Berücksichtigung der oben genannten Prinzipien muss entschlossen und mutig durchgeführt werden. Ein zögerlicher Angriff ist zum Scheitern verurteilt.

JKD ist eine sehr individuelle Kampfkunst. Das heisst, jeder Kämpfer passt die Techniken, aber auch die Prinzipien und Konzepte des Systems seinen eigenen Anforderungen an. Er legt individuelle Gewichtung auf bestimmte Prinzipien und wird vielleicht andere nicht so stark betonen. Dies ist völlig richtig, solange nicht der Gesamterfolg dabei geopfert wird. Im Training sollten alle Prinzipien erklärt und trainiert werden und es wird dem Ausführenden anheim gestellt, seinen eigenen Weg zu finden.

Jeet – Das Abfangen

„Jeet" im Namen Jeet Kune Do übersetzt sich mit „abfangen, stoppen, unterbrechen". Da Bruce Lee dieses Prinzip im Namen seiner Kampfkunst benutzte, ist es verständlich, dass dies das primäre Ziel im JKD-Training ist.

Abfangen bezieht sich hier auf das Stoppen oder Unterbrechen des gegnerischen Angriffs vor oder während der Angriffsaktion. Dabei ist nicht nur der physische Angriff gemeint, sondern das Stoppen muss derart gestaltet sein, dass die Angriffsmotivation des Gegners aufgehalten wird und der Gegner in die Defensive gedrängt wird. Dies kann durch das Überraschungsmoment, Schmerzen oder eine tatsächliche physische Wirkung des Abfangtreffers erreicht werden.

Prinzipiell ist das passive Blocken z.B. eines Faustschlages auch schon ein Abfangen des gegnerischen Angriffs. Dieses Abfangen verhindert aber nicht, dass der Gegner weiter schlagen wird, entweder in Kombination oder durch eine andere Angriffsart. Dieses reine Blocken kann also nicht erfolgreich einen gegnerischen Angriff stoppen. Ein erfolgreiches Abfangen setzt immer auch einen Schlag oder Tritt, der den Gegner trifft, voraus. Dazu benötigt man gutes Timing, denn es gibt unterschiedliche Momente, in denen der Gegner anfällig ist für einen Stoppschlag.

So kann man einen gegnerischen Angriff

- vor dem eigentlichen Angriff (während der Vorbereitungsphase),
- während der Ausführung des Angriffs,
- beim Erreichen des Zielpunktes des Angriffs (an dem man sich dann aber nicht befinden darf) und
- beim Zurückziehen des Angriffs stoppen oder abfangen oder unterbrechen.

Dabei ist man um erfolgreicher und sicherer, je eher man den gegnerischen Angriff abfängt. Auf ein Abfangen muss auch immer ein eigener Angriff folgen, um sicher zu stellen, dass der Gegner angriffsunfähig ist und man selber Zeit und Möglichkeit hat, sich in Sicherheit zu bringen.

Das Konzept des Abfangens war Bruce Lee so wichtig, dass er letztendlich seine Kampfkunst danach benannte: Jeet Kune Do – Der Weg der abfangende Faust. Es ist daher verständlich, dass das Abfangen eines Angriffes eine Hauptaufgabe im JKD ist.

Ausgangshaltung

Stoppkick, um Marios Vorwärtsbewegung zu stoppen

Ausgangshaltung

Stoppschlag stoppt Marios Vorwärtsbewegung

Dies steht im Gegensatz zu Kampfkunstsystemen, in denen der gegnerische Angriff erst geblockt und dann zurückgeschlagen wird. Die Aktion des Stoppens muss also viel früher, vor oder während der Entwicklung des gegnerischen Angriffs, stattfinden. Es kann nicht erst geblockt und dann zurück geschlagen werden, weil man dann hoffen muss, das man für den eigenen Angriff das Zeitfenster geschenkt bekommt. Das Stoppen des gegnerischen Angriffs schafft dazu im Gegensatz aktiv dieses benötigte Zeitfenster.

Ausgangshaltung

Frank stoppt mit Biu Jee Marios Technik und seine Vorwärtsbewegung

Hierzu werden im JKD zwei Hauptkategorien von Stopp-Aktionen trainiert:

1. Der Stopptritt oder -schlag

Diese Aktion ist distanzabhängig. Außerhalb der Schlag- oder Trittdistanz muss der Gegner mindestens einen Schritt machen, um das Ziel zu erreichen. Hierbei geht es darum, diesen Schritt mit aller Härte (meistens mit Jeet Tek, einem Stopptritt) abzufangen und so den Angriff zu unterbrechen. Ein gutes Distanzgefühl, Erkennen des gegnerischen Angriffs, Mobilität und Schnelligkeit sind hier wichtige und notwendige Attribute.

Stopptritt

Stoppschlag

2. Der „Time-Thrust"

Dieser Stoppschlag oder -tritt wird auf der gleichen Linie wie der gegnerische Angriff ausgeführt, um a) den gegnerischen Angriff abzulenken und b) den Gegner zu treffen. Dies geschieht meist dann, wenn der Gegner schon in der Kampfdistanz ist. Diese Technik setzt ein noch besseres Verständnis und Beherrschen der oben erwähnten Eigenschaften voraus. Der Gegner wird vom eigenen Angriff praktisch „überrannt". Als Beispiel sei hier der „sliding punch" genannt. Der Gegner schlägt z.B. mit linker Geraden. Der JKDler kontert mit rechtem Sliding punch, d.h. sein rechter Schlag auf der gleichen Bahn der linken Gerade des Gegners zwingt den gegnerischen Schlag aus der Angriffsbahn und trifft den Gegner.
Wichtig bei allen Aktionen ist es, im direkten Anschluss auf den Stoppschlag die eigene Angriffsaktion mit aller Härte weiterzuführen, um so aus dem Abfangen des Gegners den Kampf entweder durch Sieg oder durch schadenfreies Entfernen aus dem Kampf zu beenden.

Stoppschlag auf der Angriffslinie

Die offensive Verteidigung

Im JKD-Training wird sehr viel Wert auf die eigene Offensive gelegt. Hintergrund dieses Gedankens im Gegensatz zum stärkeren Training der Defensive ist der Umstand, dass die Reaktion auf einen gegnerischen Angriff immer langsamer ist als die eigentliche Aktion. Die erfolgreiche Abwehr, insbesondere die Abwehr der gesamten Gefahrensituation, kann nicht über die bloße Verteidigung erfolgen, da der Gegner zwangsläufig mit seinen Attacken erfolgreich sein wird und den Verteidiger somit überrennt.
Dieses Buch kann sich sicher nicht mit der juristischen Arbeit der Notwehr beschäftigen. Festzuhalten ist, dass man nicht warten muss, bis der rechtswidrige gegnerische Angriff Erfolg hat, man kann ihn von Beginn an stoppen. Dies sollte bei einem erfahrenden Trainer trainiert werden.
Ziel im JKD ist es deshalb, die Gefahr beim ersten Anzeichen durch einen eigenen Angriff abzufangen, zu stoppen, zu unterbrechen und somit den physischen Angriff sowie die psychische Angriffsmotivation des Gegners zu brechen und in die eigene Offensive zu gehen. Der eigene Angriff wird dabei so lange ohne Unterbrechung fortgesetzt, bis die Situation beendet ist. Timing, Distanzgefühl und ein technischer Fluss sind hierbei wichtige Eigenschaften im JKD.
Sollte eine Auseinandersetzung in einer weiten Distanz beginnen, so muss sich der Gegner dem JKDler nähern, um diesen anzugreifen. Diese Annäherung wird im JKD

mit dem Abfangen durch einen Stoppkick trainiert. Wichtig ist, dass entweder der eigene Angriff nach diesem Stoppkick sofort weitergeführt oder nach Möglichkeit die sichere Flucht ergriffen wird.

Zum Stoppkick gehört das Prinzip der „längsten Waffe gegen das nächste Ziel". Um den Gegner abzufangen, der sich auf einen zu bewegt, wird der vordere Sidekick gegen dessen Knie, Patella-Sehne oder Schienbein benutzt.

Ist der Gegner schon in einer Distanz, in der er den JKDler ohne Schritt erreichen kann, wird versucht, nach dem ersten Anzeichen eines Angriffs diesen mit einem Stoppschlag oder zum Beispiel mit einem Hookkick abzubrechen. Auch hier wird anschließend sofort der eigene Angriff eingesetzt, man wartet nicht erst und sucht nach einer Reaktion beim Gegner.

Sollte der gegnerische Angriff nicht vorher erkannt werden können, so muss gleichzeitig zur Abwehr des Angriffs (Parieren oder Ausweichen, nach Möglichkeit kein Zurückweichen) der eigene Gegenangriff gestartet wer-

Stoppkick

Stoppschlag

Gleichzeitige Abwehr und Angriff

den. Diese Gleichzeitigkeit ist wichtig, um weiteren, folgenden Angriffen des Gegners zuvor zu kommen.

Um die eigene Verteidigung aufzubauen, gibt es folgende Prinzipien:

- Bei jedem eigenen Angriff muss die eigene Verteidigungshaltung 100% stehen, das heißt, es dürfen keine Lücken entstehen oder die Deckung fallen gelassen oder geöffnet werden.
- Eine trainierte Fußarbeit muss einem die Kontrolle über die Distanz geben. Ziel ist es, möglichst „brim of fire", d.h. kurz außerhalb der Reichweite der längsten Waffe des Gegners zu stehen, um so in seine Aktionen eingreifen zu können. Dazu gehören ein Wissen um die eigene Distanz und Reichweite.
- Die Tiefe des gegnerischen Angriffs muss richtig eingeschätzt werden.
- Die eigene Position muss nicht nur die eigene Verteidigung und Fußarbeit möglich machen, sie muss einen auch in die Lage versetzen, jederzeit selber angreifen zu können. Balance in der Bewegung ist hierbei entscheidend.

Sollte das gezielte Abfangen nicht erfolgreich sein, so bleiben noch:

- Bestimmte Hilfsmittel wie zum Beispiel das Hineingehen in den gegnerischen Angriff, entweder mit „leg obstruction" oder mit dem „jam". Wichtig hierbei ist es, jederzeit die eigene dichte Verteidigungshaltung aufrecht zu erhalten und vorher zu wissen, dass man je nach Wahl der Möglichkeit in einer anderen Distanz endet.
- Ausweichen/Meiden. Dabei ist darauf zu achten, dass man sich selber in eine günstige Angriffsposition bringt.
- Parieren. Ein Parry kann der Ausgangspunkt für einen guten Offbeat-Angriff sein, insbesondere einen Riposte.
- Blocken. Starre Blöcke bergen die Gefahr des „Kraft gegen Kraft"-Spiels, sind aber manchmal nicht zu verhindern. Achten Sie auf die eigene Stellung und Balance und setzen Sie so früh wie möglich einen Konter.

Im JKD gilt das Prinzip „gleichzeitig Angriff und Verteidigung", die eigene Abwehr sollte also nicht als separate Technik, sondern immer als Bestandteil eines (Gegen-) Angriffs trainiert werden.
Unter Berücksichtigung dieser Punkte wird im JKD keine passive Verteidigung trainiert, sondern so früh wie möglich die eigene Offensive eingeleitet – daher die offensive Verteidigung.
Ein aus dem Wing Chun kommendes und im JKD verbliebenes Konzept ist das „Lin Sil Die Dar", nach dem die Verteidigung und der eigene Angriff gleichzeitig zu erfolgen haben. Die eigene Abwehrhandlung wird mit der eigenen Angriffshandlung kombiniert, wird praktisch zu einer Bewegung und ist nie ein „erst Blocken, dann Angreifen".
In der Theorie ein einfach zu verstehendes Prinzip, das jedoch bei der Umsetzung ein enormes Maß an Timing, Rhythmus, Distanzgefühl, „line awareness" und anderen Eigenschaften verlangt. Grundsätzlich wird hierbei im Gegensatz zum kompletten physischen und psychischen Abfangen des Gegners durch einen Stopptritt oder einen Stoppschlag der tatsächliche Angriff des Gegners pariert, geblockt oder ihm ausgewichen und gleichzeitig der eigene Konterangriff gestartet oder vollendet. Wichtig hierbei ist, dass der Konter auf dem kürzesten Weg ohne zusätzliche Schnörkel direkt ins

Abwehr der Vorwärtsbewegung

Lin Sil Die Dar

Ziel geführt wird, um so einem weiteren Angriff des Gegners zuvorzukommen.
Dabei wird in einigen Fällen ein „sliding" oder ein „cutting into the tool" benutzt, das heißt der eigene Angriff wird so eingesetzt, dass er in den Angriff des Gegners einschneidet und die Waffe des Gegners ablenkt, um dann den Gegner zu treffen.
Des weiteren gibt es die Möglichkeit, mit ein und derselben Extremität den gegnerischen Angriff zu parieren und zurückzuschlagen (Riposte).
Die wahrscheinlich bekannteste Möglichkeit ist das Abfangen des Angriffs mit der einen und das Durchführen des eigenen Angriffs mit einer anderen Extremität.
Wie auch die anderen Konzepte und Prinzipien im JKD, so baut auch diese Theorie der Gleichzeitigkeit zwingend auf der Struktur, der Basis des JKD auf und setzt die Grundlagen wie zum Beispiel die Theorie der Ausrichtung zum Gegner, die stärkere Seite nach vorne, die Ökonomie der Bewegung, die Theorie der längsten Waffe zum nächsten Ziel, gebrochener Rhythmus und Timing, die Theorie des verteidigenden Ellenbogens (eigentlich „the immovable elbow theory", aber der Begriff unbeweglicher Ellenbogen führt zu vielen Missverständnissen), sowie die Theorie der Kampfhaltung im JKD voraus.

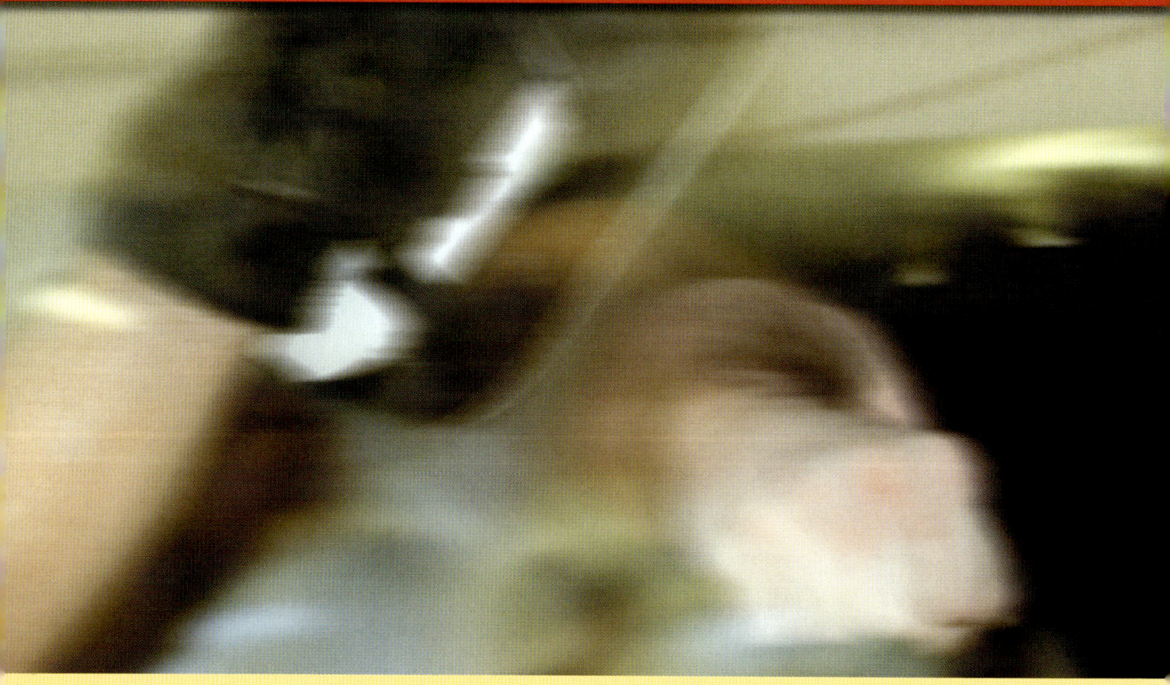

Einfach – Direkt – Nicht-klassisch

Einfach

Das von Bruce Lee benutzte Wort „simple" hat bei manchen in der deutschen Übersetzung „simpel" die Bedeutung von „einfach", aber auch „einfältig". Das ist falsch. Einfach in dem hier richtigen Sinne heißt, dass eine Technik oder Bewegung im JKD nach Möglichkeit aus möglichst wenigen einzelnen Teilen zusammengesetzt sein sollte. Sie sollte vom Ausführenden keine komplizierte Bewegungsmechanik verlangen, da diese im Ernstfall ohnehin nicht ausgeführt werden kann. Eine „einfache" Technik ist eine Technik, die man auch im Überraschungsmoment aus der jeweiligen Haltung ausführen kann, ohne Vorbereitungszeit und Vorbereitungsstellung. Des weiteren sollte die Technik ohne unnötige, verräterische Bewegungen ausgeführt werden. Einfach, gradlinig, ohne Schnörkel. Ein ökonomisches Bewegungsminimum wird einer komplexen Bewegung vorgezogen, um

1. Energie zu sparen,
2. schnellstmöglich wieder einsatzbereit zu sein und
3. sich nicht im Ablauf der Bewegung oder danach zu exponieren.

simple

Ein tägliches Training dieser Basistechniken in unterschiedlichen Situationen ist die Voraussetzung für den erfolgreichen Einsatz derselben. So wird sichergestellt, dass der Ausführende im Ernstfall nicht erst kostbare Zeit durch Nachdenken oder Erinnern verliert. Nur die einfachen Techniken können im Selbstverteidigungsfall instinktiv und ohne zeitlichen Verzug abgerufen werden Wenn man sich erst einmal an eine Haltung, an eine Vorbereitung oder an komplexe Bewegungsmuster erinnern muss, ist es für die Umsetzung und Anwendung meistens schon zu spät.

Direkt

Im JKD wird versucht, den Gegner mit „direkten" Techniken zu treffen. D.h., das direkte Vorgehen auf das Ziel ist das eigentliche Ziel. Gerade, einfache und unkomplizierte Bewegungen werden bevorzugt. Passive Verteidigung, sprich: einfaches Blocken, wird als nicht effizient, da nicht angriffsbeendend betrachtet. Jede Technik und jede Bewegung sollte nach Möglichkeit von allen unnötigen Zusatzbewegungen befreit werden – „stripped down to their essentials". JKD ist eine offensive Selbstverteidigung, die direkte, kampfbeendende Antwort ist das Ziel.

Ein Beispiel, dass Bruce Lee immer zur Erläuterung der „directness" anführte, war das des geworfenen Objektes.

Wenn Ihnen jemand etwas zuwirft und Sie damit überrascht, dann versuchen Sie aller Wahrscheinlichkeit nach, das Objekt erst einmal zu fangen. Sie machen sich keine Gedanken darüber, was es ist, aus welchem Winkel es kommt, ob man es „sanft" oder „hart" fangen kann, ob man es umlenken oder abprallen lassen kann etc. Diese Reaktion ist das Trainingsziel für die „directness" – ohne Umwege zum primären Ziel.

Gerade in der Selbstverteidigung, die keine Zeit für Schnörkel, Herumspielen oder Ausprobieren lässt, ist der direkte Weg der verlässliche. Das heißt nicht, dass man im Training bei Übungen und Sparring nicht mit diversen Problemlösungen experimentieren sollte. Nur im Ernstfall ist dafür keine Zeit. Erfolgreich ist hier nur der direkte Weg.

Direkter Angriff

Nicht klassisch

Nicht-klassisch

Zu den Zeiten, in denen JKD entstand, gab es in Amerika eine Anzahl von Kampfkunstarten, die teilweise nur innerhalb einer Ethnie weitergegeben oder von heimkehrenden Soldaten aus dem pazifischen Raum mitgebracht wurden. Viele dieser Schulen mystifizierten ihre Kampfkunst mit Ritualen, Begrüßungen und Formen, die von der eigentlichen Trainingszeit abgingen. Anscheinend wurde ein Teil dieser ornamentalen Zeremonien auch dazu verwendet, Lücken im Stoff oder System zu überdecken. Geheimtechniken wurden ersonnen, die erst dem fortgeschrittenen Schüler nach Beweis seiner Loyalität gezeigt werden sollten. Es wurden klassische, starre Stellungen und mechanische Abläufe trainiert, die nichts oder kaum etwas mit tatsächlichem Kämpfen oder Selbstverteidigung zu tun hatten.

Im JKD sollten die Übungen anders sein. Keine unrealistische Fußarbeit, keine mechanischen und damit „toten" Bewegungen, keine Drills mit andauernder Kooperation zwischen den Partnern – Spontaneität und das Verändern des Kampfrhythmus und des Bewegungsrhythmus sind das Ziel. Die Selbstverteidigung aus allen Situationen ist immer die Voraussetzung und das Ziel für ein realistisches Training. Nach dem Einstudieren und Üben der Techniken sollen diese nicht in choreographierten Bewegungsabläufen, sondern im Sparring gegen einen sich immer stärker wehrenden Partner trainiert und damit „mit Leben erfüllt" werden. Respektbezeugungen gegenüber dem Trainer oder einem Mit-Trainierenden sind sicherlich notwendig und wichtig – denn das Training hat ja auch einen sozialen Aspekt und sollte Spaß machen –, sollten aber nicht ins eigentliche Training gehören. Denn letztendlich kämpft man so, wie man trainiert. Das Angrüßen des Gegners im Ernstfall wäre fatal und gehört nur in die Phantasie eines bestimmten Spielfilmgenres.

JKD ist eine Kampfkunst, eine Selbstverteidigung, kein Kampfsport und keine ritualisierte Bewegungskunst. Spontaneität, Individualität und die Einzigartigkeit der unterschiedlichen Selbstverteidigungssituationen müssen im Training berücksichtigt werden.

Längste Waffe zum nächsten Ziel

Jeet Kune Do als Selbstverteidigung legt eine bestimmte Gewichtung auf den Präventivschlag in der Verteidigung. Jeet bedeutet wie erwähnt „abfangen", „stoppen", „unterbrechen". Das heißt, dass ich mit bestimmten Mitteln versuche, dem Angriff meines Gegners zuvorzukommen, ihn nicht nur physisch, sondern auch psychologisch, also seine Angriffsmotivation, abzufangen und zu stoppen.

Es wurde auch schon festgestellt, dass dies so früh wie möglich, also am besten in der Entwicklung des gegnerischen Angriffs oder in etwaigen Vorbereitungshandlungen, stattzufinden hat. Ebenfalls erwähnt wurden schon die wichtigen Eigenschaften Distanzbeherrschung und Timing. Nimmt man jetzt noch das Vermeiden von verräterischen Bewegungen und den Einsatz der vorderen Körperwaffen mit dazu, dann führt das alles zu einem Ergebnis. Dies alles zusammen ergibt, dass man das Ziel, den Körperteil des Gegners, erreichen muss, das einem am nächsten ist, und zwar mit der längsten eigenen Waffe, um so selber in sicherer Entfernung zum Angriff des Gegners zu bleiben. Hauptsächlich erfüllt der eigene Sidekick mit dem vorderen Bein zum Knie des Gegners diese Voraussetzungen.

Dazu muss man sich im JKD nicht nur andauernd der Distanz, in der man sich zum Gegner befindet, bewusst sein, sondern muss spezielle Taktiken für das Abfangen entwickeln. Eine dafür ist, dass das Ziel, das dem JKD-ler am nächsten liegt, mit der längsten Waffe, also zum frühestmöglichen Zeitpunkt, angegriffen wird. Das ist es, worum es letztendlich beim Abfangen geht.

Im Falle der Tritte (und einer längeren Distanz) ist das der Sidekick mit dem vorderen Bein mit dem Ziel des gegnerischen Knies/Schienbeins.

Frontkick

Sidekick

Beim Oberkörper (und einer geringeren Distanz) ist das der Fingerstich zu den Augen des Gegners.

Fingerstich zum Auge

Die benutzte Waffe sollte also im Zusammenspiel mit dem gewählten Ziel nicht nur den Angriff des Gegners abbrechen, sondern den eigene Angriff einleiten und den Gegner in die Defensive treiben. Dabei muss die Angriffsmotivation des Gegners gestört werden. Dies geschieht am besten, indem man ihm zum frühestmöglichen Zeitpunkt seines Angriffes, am besten während der Vorbereitung seines Angriffes, trifft. Der Sidekick zum Knie sollte dem Gegner dabei die Mobilität, der Fingerstich zu den Augen die Sicht nehmen. Ein Gegner, der sich nicht bewegen oder nicht sehen kann, kann leichter besiegt werden.

Die dieser Taktik zugrunde liegende Basisannahme ist, dass derjenige, der in dieser Situation den ersten Wirkungstreffer setzt, wahrscheinlich der Gewinner der Konfrontation ist – eine einfache, aber wirkungsvolle Regel.

Es gibt im Jeet Kune Do Training eine Reihe von Übungsformen, die diese Eigenschaften schulen sollen. Jede Schule und jeder Instructor wird zusätzlich dazu eigene Übungen entwickeln. Solange diese Übungen diese Ziele erreichen, sind sie immer wieder zu trainieren und zu erweitern. Denn nur durch andauerndes Training kann eine erfolgreiche Selbstverteidigung erreicht werden.

Das Training im Jeet Kune Do befasst sich genau aus dem Grund der vielen verzahnten Prinzipien und Konzepten nicht nur mit dem Techniktraining. Ein Attribute- oder Eigenschaftstraining ist wichtiger Bestandteil jeder Trainingseinheit. In einem späteren Kapitel dieses Buches wird darauf näher eingegangen.

Selim reagiert mit seinem vorderen Kick auf Nicos Angriff. Er nutzt dabei seine längste, einsatzbereite Waffe zum nächstgelegenen Ziel.

Sifu Larry Hartsell unterbricht Franks Angriff mit seiner in dem Augenblick längsten Körperwaffe zum nächstgelegenen Ziel.

Tägliches Verringern

Zu diesem Thema ist schon eine ganze Menge diskutiert worden. Der Satz „daily decrease instead of daily increase" hat zu einigen interessanten Interpretationen geführt.
Ich möchte mit dem Darstellen meiner Interpretation keinesfalls ausdrücken, dass eine andere Sichtweise falsch oder schlechter ist. Ich möchte einfach dazu beitragen, sich weiterhin über die Elemente des Trainings Gedanken zu machen und keine „Wahrheit" als manifestiertes Gesetz zu sehen.
Das Prinzip des „daily decrease" bedeutet für mich nicht zwingend nur das tägliche „Wegnehmen" von Techniken. JKD hat eine definitive Basis und Struktur, die sich meiner Meinung nach in der Kampfhaltung (wasserdichte Verteidigung während des Angriffs) und der mobilen Fußarbeit darstellt. Eine Technik, die nicht in diese Struktur passt, gehört nicht in „mein" JKD. Für mich steckt in den Worten „daily decrease" mehr und teilweise etwas anderes.
Bruce Lee selber schrieb 1967 in einem Brief an Taky Kimura etwas über die "Economy of form": "Hands are to move first if it is a hand technique (foot follows), feet first if it is a foot technique. ... If a student does his pak sao (or any technique for that matter) with wasted motion...he (needs) to MINIMIZE his unnecessary motion."
Das tägliche Verringern bezieht sich meiner Meinung nach nicht (nur) auf eine unnütze Techniksammlung, sondern insbesondere auf das tägliche Verringern und Eliminieren von unnützen Bewegungen (wie zum Bei-

spiel Ausholen, Gewichtsverlagerung, Zucken, Schulter anheben o.ä. vor dem Führhandschlag) vor und während einer beliebigen Technik.

„How can I be a master fighter?

- The natural and direct expression of kicks and punches
- The mastering of economic mechanics under all situations" (Bruce Lee)

„Discarding of non-essential movements" – diese unwichtigen Bewegungen werden im JKD als Ballast und Verzierungen, die nichts mit dem tatsächlichen Kampf zu tun haben, angesehen. Ein wichtiger Bestandteil des Trainings ist also das „Wegtrainieren" von diesen unnützen und unökonomischen Bewegungen. Diese Bewegungen können sonst einen erfahrenden Gegner vor der eigenen Absicht warnen und ihn auf die Technik vorbereiten. Das Trainieren der ökonomischen Form ist daher eine Form der Umsetzung des „daily decrease".

Vorkampfhaltung

Ausholen

Gewichtsverlagerung

Schlag

Schlag

Treffer

Gleiche Ausgangshaltung

Wichtige Prinzipien des Trainings sind daher:

- Seinem Gegner nicht schon vorher seine Absicht anzeigen, zum Beispiel durch das „Telegrafieren" von Techniken (Ausholen beim Schlagen, Gewichtsverlagerung beim Treten).
- Nicht in einem bestimmten Rhythmus arbeiten.
- Bei einer Handtechnik bewegt sich zuerst der Arm, der Körper folgt danach, bei einer Fußtechnik verhält es sich analog.
- Variationen und Timing.
- Anschlusstechniken, die dem ersten Angriff in ökonomischer Form folgen.

Diese Eigenschaften der Ausführung einer Technik sollte man mit allen möglichen Techniken trainieren. Insbesondere ist dabei Wert auf die Techniken zu legen, die sich zum Erstschlag eignen. Wie bereits erwähnt, sind es genau diese Techniken, die einen Erfolg in der Selbstverteidigung garantieren sollen.

Schlag ohne Ausholen

Treffer mit Hüfteindrehung

Using no way as way

Der physische Kampf zwischen menschlichen Wesen ist ein Chaos, in dem viele verschiedene Faktoren mit hineinspielen: Umgebung, Beleuchtung, Distanz, Rhythmus, Kraft, Geschicklichkeit, Timing, Wetter, Ort, usw. Einige dieser Faktoren lassen sich zum Beispiel durch Training beeinflussen, andere nicht. Durch die Vielzahl dieser Faktoren sowie deren Weiterentwicklung ist ein in sich geschlossenes Kampfsystem immer limitiert. Kein System kann die Antwort auf alle diese Faktoren oder deren Beeinflussung bieten. Eine Entwicklung des einen Faktors kann unter Umständen andere Faktoren beeinflussen und somit weitere Auswirkungen haben. Der Trainierende, der sich somit mit einem geschlossenem System beschäftigt, trifft eine Auswahl, die ihn selber limitieren kann.

Ein System, das ebenfalls nicht den diversen körperlichen Voraussetzungen der Trainierenden Rechnung trägt, sondern von dem Trainierenden erwartet, sich an das System anzupassen und ihm untypische Bewegungen abverlangt, die er in einem Notfall nicht oder nur unzureichend ausführen kann, ist ebenfalls eine Beschränkung des Ganzen.

Im JKD wird diesem Umstand mit der Maxime „Using no way as way" begegnet. Hierbei soll der Trainierende nicht versuchen, 1000 Wege zu erlernen, sondern einfach nur seine Augen und seinen Geist offen halten für anderes, das ihm oder seinem Training helfen kann. Eine Addition zum Beispiel einer Technik kann dabei sehr wohl zum Aufgeben einer alten Technik und somit nicht zu einer Anhäufung von nutzlosem Wissen

führen. Ein JKDler wird sich im Kampf nicht auf einen bestimmten Weg festlegen (der dann vielleicht auch vom Gegner erkannt und ausgenutzt werden kann), er wird sich verschiedene passende Optionen freihalten. Und er wird gegebenenfalls sein Training ändern, wenn ihm Wege zu einer Optimierung seines Trainings bekannt werden. JKD ist ein in der Entwicklung offenes System, das keinen feststehenden Stundenplan am Ende hat. JKD zu trainieren ist ein Prozess der Entwicklung eines Individuums, JKD ist kein Produkt, dass man abschließend erlernen oder gar kaufen kann. Letztendlich ist der Weg wichtig sowie die Erfolge, die am Weg liegen. Um zu diesen Erfolgen zu kommen, muss der eine oder andere vielleicht bestimmte Wege begehen, die für andere nicht optimal scheinen. Doch letztendlich zählt am Ende der Erfolg, nicht der Weg oder die Art und Weise des Entstehens.
Verschiedene Abwehren mit Gegenangriff auf Führhandschlag des Gegners:

1

Sliding Biu Jee

2

Ellenbogen Gunting

Bizeps Gunting

Lap Sao mit Schnappkick

Inside Cover mit Biu Jee

Ducken mit Angriff auf Unterleib

Stoppkick

Loy Da (Innenschlag)

Catch mit Schlag

10

Trap mit Rundkick

11

Tiefer Sidekick

12

Schnappkick

Eigenschaften (Attributes)

Im JKD-Training wird sehr viel Wert und Zeit auf das Training von Eigenschaften, den „Attributes", gelegt. Es sind Attributes, die Techniken erst funktional machen und zum Leben erwecken. Jeder kann zum Beispiel im Boxen einen Jab technisch lernen. Dennoch wird kaum jemand einen Jab wie z.B. Evander Holyfield schlagen. Der Unterschied hier sind die Eigenschaften, die Holyfield durch sein Training entwickelt hat. Verschiedene Eigenschaften können zusammen, andere müssen getrennt trainiert werden. Alle stehen jedoch zueinander in Beziehung. Es liegt bei einem guten Lehrer und einem verantwortungsbewussten Trainierenden, den schwächsten Bereich jeweils zu erkennen und diesen zu trainieren. Ohne Attributes sind Techniken leblose Theorien, die im Kampf nicht funktionieren. Einige Beispiele für diese Eigenschaften sind:

- Körperverständnis. Ohne das Verstehen der Grundlagen des menschlichen Körpers nutzt die Kampfkunst nichts. Trainingslehre, Verletzungspflege, Ruhezeiten, Angriffspunkte, Ernährung, Hydration etc. fallen in diese Kategorie.

- Mobilität. Die Fähigkeit sich zu bewegen ist, wie bereits vorher beschrieben, ein wichtiger Bestandteil des JKD-Trainings. Ein unbewegliches Ziel ist einfacher zu treffen und ein unbeweglicher Angreifer wird selten sein Ziel treffen.

- Einstellung. Schlagworte wie „Killerinstinkt" etc. fallen hierunter, die Einstellung zum Kampf, Kaltblütigkeit, die Fähigkeit, zum richtigen Zeitpunkt loszulegen, eine aggressive Verteidigungseinstellung.

- Technischer Fluss. Die Fähigkeit, von einer Technik zur nächstmöglichen zu fließen, ohne große Lücken zu öffnen.

- Timing. Die Fähigkeit, den richtigen Zeitpunkt für eine Technik, einen Angriff oder eine Verteidigung zu nutzen.

- Power. Die Fähigkeit, seine Kraft oder Stärke in die Techniken einzubringen.

- Geschwindigkeit. Die Fähigkeit, eine Aktion schnell und mit großer Beschleunigung durchzusetzen.

- Genauigkeit. Die Fähigkeit, Aktionen genau zum Ziel zu bringen.

- Koordination. Die Fähigkeit, seine Extremitäten zusammen einzusetzen, ohne sich zu öffnen oder Bewegungen zu machen, die die Absicht verraten.

- Sensitivität. Die Fähigkeit, die Umgebung, den Gegner und seine Absichten wahrzunehmen unter Zuhilfenahme aller Sinne.

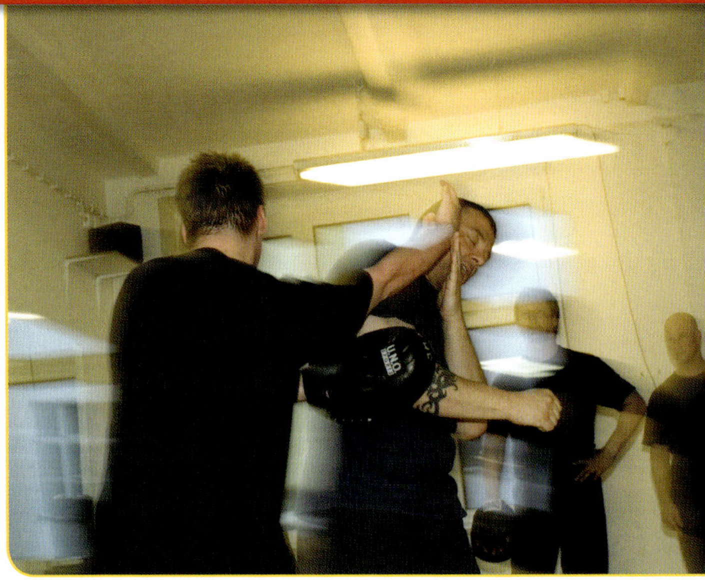

- Rhythmus. Die Fähigkeit, sich in Sequenzen zu bewegen und den Kampfrhythmus zu erkennen und zu beeinflussen.

- Ausdauer. Die Fähigkeit, über einen Zeitraum zu agieren, auch unter Stress, ohne an die körperlichen Grenzen zu kommen und zu versagen.

- Flexibilität. Die Fähigkeit, seinen Körper zu bewegen und die Grenzen der Beweglichkeit der Muskeln und Gelenke zu erweitern.

- Balance. Die Fähigkeit, sich im Kampf in einer ausgeglichenen Position zu halten, um sich so alle Optionen der Bewegung freizuhalten.

- Belastbarkeit. Die Fähigkeit, Techniken des Gegners wegzustecken und auch unter feindlichem Angriff zu funktionieren („Nehmerqualitäten").

- Agilität. Die Fähigkeit, sich schnell und unvorherberechenbar zu bewegen und seine Richtung zu ändern.

- Wissen. Die Fähigkeit, Informationen aufzunehmen und zu verarbeiten, dadurch den Gegner und das Kampfgeschehen zu analysieren und dementsprechend zu handeln.

- Erfahrung. Die Fähigkeit, neben dem Wissen auch die gemachten Erfahrungen umzusetzen.

- Entspannung. Die Fähigkeit, auch unter Stress locker und frei von Verspannungen zu agieren, um sich nicht selber zu verlangsamen.

- Präzision. Die Fähigkeit, bestimmte Aktionen genau durchzuführen, ohne sich von außen stören zu lassen.

Entscheidend für das.Training dieser Eigenschaften sind Trainingsmethoden, die von Instructor zu Instructor unterschiedlich sein können. Jedoch steht das Eigenschaftstraining im JKD niemals dem Techniktraining nach, d.h. anstatt immer wieder Technik auf Technik zu lernen ist es wichtig, die bereits vorhandenen Techniken durch Eigenschaften zum Leben zu erwecken.

Man kann natürlich beim Techniktraining bestimmte Eigenschaften mittrainieren. Sicher jedoch nicht alle, sicher jedoch auch nicht alle gleichzeitig. Sparring ist zum Beispiel ein guter Weg, bestimmte Eigenschaften zu trainieren. Aber im Sparring sollte man keine Techniken lernen, sondern die erlernten anwenden.

Man kann Kraft in einer Technik trainieren, aber auch sehr wohl die Gesamtkraft einzelner Extremitäten, die Muskelkoordination des Körpers oder die Fähigkeit des Körpers, diese auch bei verschiedenen Techniken umzusetzen.

Man kann Kraftausdauer bei bestimmten Techniken üben, aber auch die konditionelle Ausdauer des Körpers. Nur dass man beispielsweise einen Führhandschlag 1.000 Mal in einer bestimmten Zeit ausführen kann (Kraftausdauer) sagt nichts über die dauerhafte Leistungsfähigkeit des gesamten Körpers aus. Und auch die Dehnung für den Sidekick oder das Bankdrücken mit der Langhantel hat nichts mit der Mobilität des Schultergelenks zu tun.

Wie schon beschrieben, gibt es einige Eigenschaften, die man sicher beim normalen Techniktraining mittrainieren kann. Ganz sicher ist es aber nicht das, was man unter Attribute-Training im JKD versteht.

Beim Techniktraining lernt man das Wie und Was, beim späteren Training das Wann und Warum.

JKD-Techniken und der Mix

Wann immer das Thema sich um JKD und Techniken dreht, trifft man auf zwei Aussagen:
„XYZ macht kein JKD, weil er im Training (im Videoclip, im Buch, auf einem Seminar) diese und jene Technik gemacht hat (Drehkick, Highkick, Spinning Backfist, Double-Leg-Takedown, Jujigatame)."
oder
„Ich habe die Bücher von Bruce Lee gelesen (seine Filme gesehen, seine Interviews gesehen) und er meint, dass man nur die besten Techniken aus allen Stilen trainieren muss und schon macht man auch JKD."
In der einen oder anderen Ausführung drehen sich praktisch 75% aller Diskussionen über JKD um eine der beiden Thesen. Nun, ich möchte eine weitere These aufstellen:
Es gibt gar keine eigentliche JKD Technik, es ist die Ausführung, die man nach JKD-Art macht.
Natürlich ist es richtig, zu sagen, Moment mal, es gibt ja dann auch keine Karate-Technik, sondern nur einen Karate-Ausführungsweg. Für einen JKDler ist diese Aussage völlig in Ordnung. Im Jeet Kune Do streitet man sich nicht über Techniken. Sie sind Werkzeuge, Mittel zum Zweck, Helfer bei der Problemlösung. Sie unterliegen den JKD-Prinzipien und werden demzufolge eingesetzt. Passen sie nicht, dann sind sie eben kein JKD. Sind sie trotzdem erfolgreich, dann kann man sie auch

außerhalb der JKD-Matrix einsetzen. Sie sind nur eben kein JKD. So wie eine Mischung aus Schlag A und Tritt B und Block C nicht zwangsläufig JKD ist.

Die Argumentation heutzutage, dass Bruce Lee aber doch das und das und jenes gesagt hat, lässt leider eins außer acht: die Zeit und Umstände, unter denen er dies gesagt oder geschrieben hat. Eine „Befreiung" aus den klassischen Kampfkünsten, die nach Bruce Lees Meinung wenig mit Selbstverteidigung und dem richtigen Kämpfen zu tun hatten, mag heute ganz anders sein. Viele Systeme haben, bewusst oder unbewusst, einige Elemente übernommen oder wieder entdeckt, die Bruce Lee formuliert hat. Ihr System wird dadurch nicht zum JKD, aber das ist ja auch nicht das Ziel. JKD ist letztendlich nur ein Name. Er steht für einige Prinzipien, Konzepte, Strategien und auch Techniken in der Selbstverteidigung. Er steht für eine Trainings- und Unterrichtsmethode. Die sich daraus ergebenen Strukturen sind nicht starr und unveränderlich, dazu ist JKD zu sehr ein individuelles System. Das Individuum benutzt das System, es passt Dinge aus dem System den eigenen Anforderungen an; nicht umgekehrt.

Man könnte vielleicht bei der einen oder anderen Sache streiten (Jeet Tek, leg obstruction), aber um zu behaupten, dass das eine oder andere eine JKD-Technik sei, dürfte die Technik in keinem anderen SV-System oder Stil vorkommen. Das wage ich zu bezweifeln. Es gibt keine JKD-Technik – es gibt aber eine bestimmte Art und Weise, Techniken im JKD auszuführen:

- Alle Techniken im JKD (im Stand-up) erfolgen aus einer bestimmten Struktur, die eine bestimmte Kraftentwicklung, eine Eigenverteidigung, eine Mobilität und Balance bietet.
- Alle Techniken im JKD sollen ansatzlos durchführbar sein.
- Eine bestimmte Technik ist nicht nur ein Gimmick oder Add-on, sie ist eine bestimmte Problemlösung, ein Puzzleteil.
- Alle Techniken funktionieren nach bestimmten Prinzipien, die hier an anderer Stelle genannt wurden.

Das heißt, wenn jemand eine bestimmte Technik ausführt, dann kann sie abstrakt im JKD „vorkommen", wenn sie sich nach den Prinzipien ausführen lässt. Man muss also bestimmte Techniken durch ein „Prüfraster" sehen. Lässt sich eine Technik aus der JKD-Struktur ausführen, unter Berücksichtigung der JKD-Prinzipien? Wenn sie es nicht tut, dann ist es kein JKD. Dann mag es trotzdem noch funktionieren (und ich persönlich würde eine funktionierende Technik nie ganz aus meinem Repertoire ausschließen), aber sie passt nicht in die „JKD-Matrix".

So löst sich auch der Knoten der „Alle besten Techniken"-These. Wenn man alle individuell funktionierenden Techniken zusammenwirft, hat man dann noch eine einheitliche Struktur? Oder muss man vor jeder Technik seine Stellung, seinen Stand und seine Krafterzeugung ändern? Dann gehört es sicherlich nicht zusammen. Dann „telegrafiert" man die Ausführung einer Technik und es ist kein JKD mehr. Das heißt nicht, das man nicht bestimmte Techniken, wie z.B. einen bestimmten Kick aus dem Savate, in sein JKD integrieren kann. Man betrachtet den Kick dann eben durch seine „Matrix":

- Löst der Kick ein Problem, das ich an dieser Stelle habe?
- Lässt er sich aus der JKD-Struktur ausführen?
- Lässt er sich anhand der Prinzipien des JKD für Krafterzeugung, Mobilität, Balance, Deckung etc. ausführen?
- Kann ich den Kick ansatzlos treten?
- Kann ich nach der Technik weiter aus meiner Struktur arbeiten?

Sollte man alle diese Anforderungen erfüllen können, warum sollte man die Technik dann nicht integrieren? Die Frage bleibt, ob dann der Kick noch speziell als Savate-Kick erkennbar ist oder nicht – doch ist sie für uns relevant?

Man muss hinter die Techniken sehen, die Prinzipien bestimmen die Identifizierung.

Vorkampf

Sidekick

Biu Jee

Tiefer Angriff

Tiefer Sidekick

Eine besondere Schwierigkeit in der Theorie des JKD ist die Vorstellung des „Mischens verschiedener Kampfkünste" oder des Zusammenführens diverser „bester" Techniken aus allen möglichen Systemen und Stilen. JKD ist keine Ansammlung von den „besten" Techniken aus Gung Fu, TKD, Muay Thai etc. pp. Ein Mixen dieser Stile würde aufgrund einer mangelnden Basis und Struktur auch gar keinen Sinn haben. Bruce Lee selber erklärte JKD durch die Herkunft aus dem Fechten, dem Boxen und dem Wing Chun. Heißt das, er nahm die Techniken dieser Systeme und mischte sie? Nein. Mit dem Mischen ist im JKD etwas ganz anderes gemeint. Bruce Lee und seine JKD-Schüler setzten Techniken, Konzepte, Prinzipien und Strategien auf eine Struktur, die in allen Kampfdistanzen funktionierte. Sie „mischten" Tritte, Schläge, Trapping, Infight und Grappling in der langen, der mittlere, der nahen und der Grappling-Distanz.

Nach Bruce Lees Tod gaben Kampfkünstler wie Dan Inosanto und Larry Hartsell Seminare, bei denen diese Mischung, bzw. der Übergang und die Transition von Treten zu Grappling, von Schlagen zu Grappling und von Trapping/Clinching zu Grappling Thema waren. Sie waren Pioniere des Mischens und des Übergangs zwischen verschiedenen Kampfdistanzen. Dabei half ihnen die Struktur des JKD, die in allen Distanzen gleich und die Plattform für die Techniken ist.

Das Mischen im JKD bezieht sich nicht auf das Mixen von unzusammenhängenden Techniken, sondern auf das Übergehen von der einen Kampfdistanz in die nächste, das Erkennen der Zusammenhänge, das Trainieren einer gültigen Struktur in allen Distanzen und dem Mischen eben dieser Distanzen.

1

Vorkampf

2

Sidekick

Biu Jee

Tiefer Schlag

Rundtritt

Techniken – Konzepte – Eigenschaften

Für einige Menschen in den Kampfkünsten scheinen diese Begriffe nicht klar definiert zu sein oder sie machen sich über die Wichtigkeit dieser Begriffe zu wenig Gedanken. Es gibt fundamentale Unterschiede zwischen Techniken, Konzepten und Eigenschaften, doch jeder erfolgreiche Kämpfer hat eine Mischung aus eben diesen drei Dingen.

Dabei ist es wichtig zu verstehen, dass diese Dinge zusammen gehören. Sie sind unterschiedliche Ebenen eines kompletten Systems. Sie sind miteinander verzahnt, greifen zusammen und arbeiten miteinander. Um ein System richtig zu verstehen, muss man nicht nur die physischen Techniken kennen, man muss die Konzepte, Prinzipien, Eigenschaften erkennen und anwenden können. Das Wissen ist nicht genug, man muss es anwenden, benutzen, umsetzen können. Denn bei allem theoretischen Hintergrund geht es letztendlich um die Selbstverteidigung, eine physische Auseinandersetzung, einen Kampf.

Eine Technik ist eine Bewegung oder eine Serie von Bewegungen, die dazu geeignet ist, ein bestimmtes erwünschtes Ziel zu erreichen. Ein Schlag hat das Ziel, einen Gegner zu treffen, ein Hebel hat das Ziel, den Gegner zur Aufgabe zu zwingen.

Stoppkick

Biu Jee

Gegner pariert

Lap Sao mit Hammerfaust

Figure-4-Hebel

Figure-4-Takedown

Ein Konzept ist eine Regel, ein Prinzip. Diese Regeln helfen bei der Ausführung bestimmter Techniken (z.B. Deckungshand vor das Kinn wenn die Führhand gerade schlägt), sie sind spezielle oder generalisierte Richtlinien. Konzepte sind keine in Stein gemeißelten Gesetze. Man kann sie anwenden, individualisieren, manchmal sogar außer Acht lassen. Wichtig ist der Erfolg der Aktion. Sie sind aber ein Bindeglied, welches normalerweise genau diesen Erfolg garantieren. Sie sind übertragbar auf andere Systeme und man kann sie abgehoben von den tatsächlichen Techniken sehen. Sie bilden den theoretischen Hintergrund und die Basis.

Eine Eigenschaft (im JKD auch „Attribute" genannt) ist eine Fähigkeit oder eine Besonderheit, die es einem Kämpfer ermöglicht, eine bestimmte Tätigkeit zu vollziehen. Kraft, Schnelligkeit, Timing, Fitness etc. sind solche Eigenschaften.
Ein guter Kämpfer hat eine Mischung eben dieser drei Dinge in seinem „Spiel". Dazu kommt eine für ihn bewährte Strategie sowie besondere Taktiken für diverse Typen von Gegnern. Diese Strategien und Taktiken erhält er im Training und wird sie schon mehrfach im Sparring oder im Kampf auf Durchführbarkeit getestet haben. Um eine Technik gegen einen Gegner erfolgreich einzusetzen, muss er sich also durch Strategie und Taktik in die richtige Lage versetzen, diese mit den benötigten Eigenschaften unter Berücksichtigung der Prinzipien, die für eine erfolgreiche Ausführung einer Technik notwendig sind, durchzuführen.

Die Abstimmung dieser Dinge erfordert ein intensives Training. Nicht alle generellen Regeln treffen auf bestimmte Techniken zu, nicht alle Eigenschaften nützen bestimmten Techniken, nicht alle Taktiken gelten für bestimmte Gegner und letztendlich führen nicht alle Techniken erfolgreich zum Ziel. Ein Kampfkünstler, der ein austrainiertes Spiel hat, wird lange an neuen Dingen herumfeilen und sie immer wieder ausprobieren, wenn er der Meinung ist, dass sie sein Spiel ergänzen. Letztendlich wird er sie entweder verwerfen oder seinem Spiel hinzufügen. Dieser Vorgang wird mit der Austrainiertheit des Spielers immer länger werden.
Kampfkünstler, die Techniken kennen, aber nicht umsetzen können, d.h. deren Training aus einer Art Technikansammeln besteht, werden letztendlich nur einen begrenzten Teil ihres Spiels ausbauen und sie werden ohne Training der anderen Säulen ihres Spiels im Kampf nicht erfolgreich sein. Insbesondere auf der Technik-Seite ist weniger, aber dafür intensiver, mehr. Um eine Technik gut auszutrainieren benötigt man nun einmal Zeit. Und nur weil eine Technik mal vor einem Jahr intensiv trainiert wurde, heißt das nicht automatisch, dass sie für immer und ewig hundertprozentig sitzt, sie muss stattdessen immer wieder trainiert und „aufpoliert" (gedrillt) werden. Das heißt,. der Kämpfer und der oder die Trainer müssen eine Auswahl treffen. Sie müssen Lücken erkennen und dort ansetzen, wo Bedarf besteht. Stillstand im Technikrepertoire ist aber ebenfalls zu vermeiden. Neue Erkenntnisse können alte Schwächen

beheben, neue Techniken vielleicht das Spiel erweitern oder komplettieren.
So wird ein richtiges Training eine interessante andauernde Mischung diverser Bestandteile, die zwar unabhängig voneinander trainiert werden können, letztendlich aber komplett sein müssen, um erfolgreich wirken zu können.

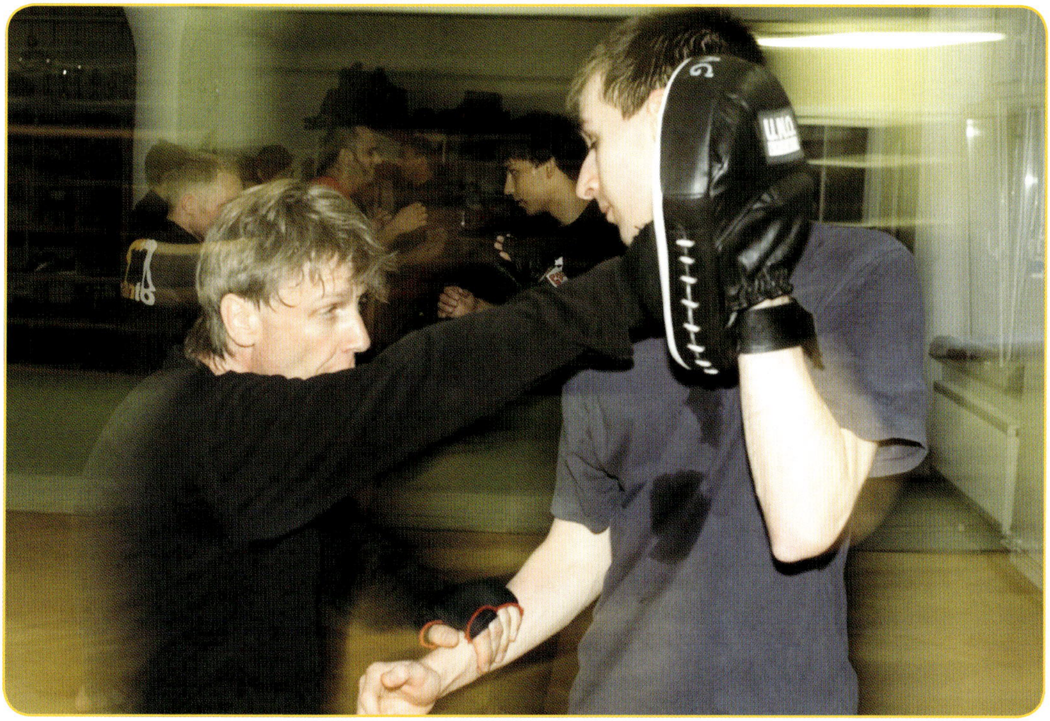

Kampftaktik

Das oberste Ziel einer jeden Selbstverteidigung ist es, sicher und möglichst unverletzt aus einer Auseinandersetzung herauszukommen. Die Hauptstrategie, mit der JKD dies verfolgt, ist das Abfangen des Gegners und des gegnerischen Angriffs zum frühestmöglichen Zeitpunkt. Um dies umzusetzen, bedient sich JKD diverser Taktiken.

Dabei sind diese Taktiken nicht zwangsläufig nur im Jeet Kune Do zu finden. Sie sollten Bestandteil jeder Selbstverteidigung sein. Weder die einzelnen noch die Kombination dieser Taktiken sind ausschließlich und/oder komplett. Sie können erweitert und verändert werden. Sie sind eine Grundlage, eine Basis für den Kampf im Jeet Kune Do. Diese Taktiken sind Mittel und Weg zum Ziel. Dabei kann man einige dieser Taktiken auch fernab des physischen Kampfes sehen. Sie sind Wege zur Problemlösung, umsetzbar auch in anderen Bereichen des täglichen Lebens. Insofern hat Jeet Kune Do auch eine Philosophie, die sich im tatsächlichen Leben außerhalb des Trainings und des Kampfes wiederfindet. Durch diese Umsetzung wird das offene System Jeet Kune Do komplett.

- Benutze deinen Kopf und kämpfe damit. Versuche, schlauer und gewitzter als dein Gegner zu kämpfen. Sei ihm voraus. Bestimme das Geschehen.

- Versuche deinen Körper und deine technischen Fähigkeiten auf dem bestmöglichen Stand zu halten und so alle Bewegungen und das Kampfgeschehen zu kontrollieren.

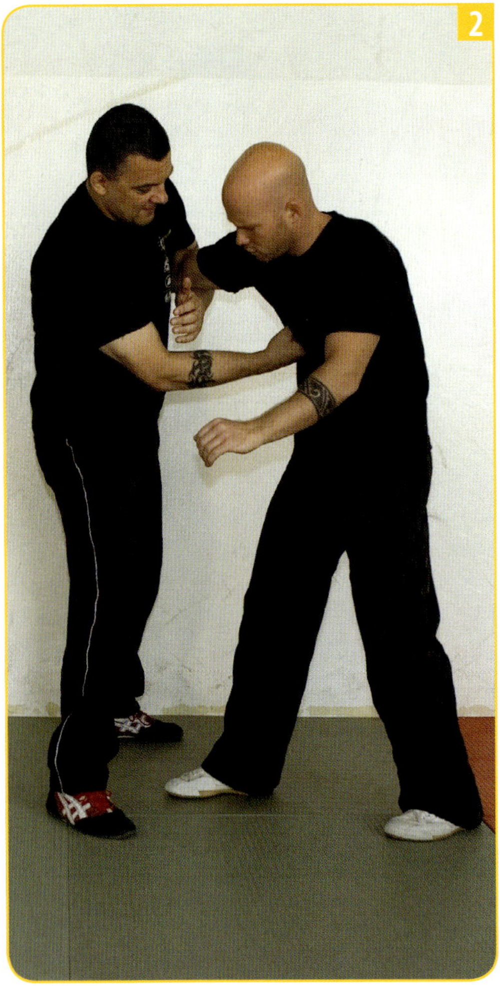

- Bleibe locker und entspannt, vorgespannt aber nicht angespannt.

- Wirke immer selbstbewusst nach außen. Wenn du müde oder verletzt bist, zeige es nicht deinem Gegner.

- Bleibe in Bewegung. Sei dabei immer gut in Balance und ökonomisch.

- Bleibe in deiner Struktur, immer gut gedeckt und in kompletter Ausgeglichenheit. Jeder Angriff setzt eine hundertprozentige Deckung voraus.

- Wenn der Gegner in Reichweite kommt, schlag zu.

- Verwirre den Gegner, variiere immer deinen Angriff und deine Verteidigung, sei nicht vorausberechenbar, versuche nie das gleiche zweimal hintereinander.

- Tu genau das, was dein Gegner nicht von dir erwartet und nicht von dir möchte.

- Wenn dein Gegner eine vorbereitende Bewegung erkennen lässt, bewege dich und schlage zu.

- Wann immer du zuschlägst, tue es mit vollkommenem Einsatz. In der Selbstverteidigung gibt es kein Ausprobieren, keine Halbherzigkeit. Wenn der Zeitpunkt kommt, sei hart und unnachgiebig in deinem Angriff.

- Sei konzentriert und behalte alles um dich herum in Beobachtung. Sei vorsichtig und lasse dich nicht überraschen.

- Unterschätze niemals einen Gegner, zu keiner Zeit.

Trainingsmethoden

Trainingsmethoden sind die variablen Wege, nach denen wir unser Können trainieren und verbessern. Von den einzelnen Drills, die bestimmte Techniken, Strukturen oder Abläufe trainieren und einschleifen, über die etwas fortgeschrittenen Übungen, die eine Art Frage- und Antwortspiel zwischen den Partnern sein können, bis hin zu dem freien Kämpfen, das alle Eigenschaften und alle Aspekte der Kampfkunst beinhalten kann.

Dabei sollte man niemals vergessen, dass ein Drill oder eine Trainingsübung kein richtiger Kampf ist. Es geht mehr um das verletzungsfreie Miteinander als Schulung, nicht um einen Wettkampf oder eine Selbstverteidigungssituation. Nur weil der eine in einem bestimmten Drill gut ist, heißt das noch lange nicht, dass er dadurch der besondere unschlagbare Kämpfer geworden ist. Egal, wie gut die Pratzenarbeit des einen ist, heißt das nicht, dass er das auch im Kampf umsetzen kann. Psychische Einflüsse spielen hier ebenso eine Rolle.

Und letztendlich ist auch Sparring, egal in welcher Form, nur ein Drill, der möglichst nah an den realen Kampf herankommen sollte, aber dennoch in letzter Instanz von ihm entfernt bleibt.

Generell kann man die verschiedenen Trainingsmethoden im JKD in drei Kategorien teilen, wobei sich diese Kategorien weiter in verschiedene Unterkategorien teilen können. So entwickeln sich die Hauptkategorien von „festgelegt" hin zu „frei", man kann bestimmte Eigenschaften extra mittrainieren und sollte jeweils die bereits beschriebenen fünf Arten des Angriffs im Kopf behalten. Allgemein kann man jedoch sagen, dass sich das Training in der Richtung: Form – Schnelligkeit – Kraft entwickelt. Das bedeutet, es wird erst Wert auf eine ökonomische, individuell richtige Form oder Ausführung gelegt. Von hier aus wird versucht, die Bewegung oder die Technik schneller und kraftvoller ohne Aufgabe der Form zu trainieren. Hierbei fließen dann auch die anderen benötigten Eigenschaften ein.

Die erste Hauptkategorie im Training ist das Solo-Training.
Hierein fällt alles Training, das der Praktizierende alleine ausführen kann wie z.B. Formen, Schattenboxen, Equipment-Training sowie die Visualisierung der Abläufe. Immer unter den oben genannten Ausführungswegen von „festgelegt" nach „frei" und unter der Berücksichtigung der Form – Schnelligkeit – Kraft-Entwicklung.

Es folgt das Partnertraining.
Unter Beibehaltung der Reihenfolge und der erlernten Dinge aus dem Solotraining trainiert man hier gegen einen erst kooperativen, später immer mehr Widerstand leistenden Partner. Eigenschaften wie Timing, Distanz, Überbrückung etc. kommen hier mit ins Spiel. Geschult werden diese in Drills und im Sparring, dass auch in bestimmten technischen Aspekten limitiert sein kann.

Die dritte Kategorie ist das theoretische Training.
Hierzu gehört die Erklärung der Prinzipien und Konzepte, diverser Strategien und Taktiken, die Erläuterung des theoretischen Hintergrunds und der Basis. Rechtliche Aspekte der Selbstverteidigung, Trainingsmethodik, medizinische und Ernährungstipps und die allgemeinen Fragen zur Kampfkunst gehören in diese Kategorie. Diese Inhalte können in Einzel- oder Gruppengesprächen, Dialogen, Diskussionen oder Vorträgen vermittelt werden. Auch sollte sich jeder Kampfkünstler selbstmotiviert über die diversen Fachmedien zur Kampfkunst informieren.
Letztendlich ist diese Kategorisierung des Trainings auch nur eine Krücke für den Weg, eine Messlatte für die Selbstbetrachtung und die Betrachtung des eigenen Trainings. Alle Aspekte einer Kampfkunst sollten in dieser Art trainiert werden, um letztendlich vollständig zu üben.

Über den Autor

Frank Burczynski begann sein Kampfkunsttraining im Alter von 6 Jahren mit dem Ringen. Nachdem er mit seinen Eltern umzog, verlagerte sich sein Interesse zunächst zum Fußball und dann zum Schwimmen, wo Frank 11 Jahre lang im Leistungssport aktiv blieb.
Sein Wiedereinstieg in die Welt der Kampfkunst begann mit dem Boxen. Als Frank dann begann, als Türsteher zu arbeiten, wechselte er zu einer Art modernem Kung Fu mit hohem Augenmerk auf Selbstverteidigung. Im Rahmen dieses Trainings besuchte er auch mit seinem Freund und Trainingspartner diverse Seminare. So kam er 1990 zu seinem ersten Guro Dan Inosanto-Seminar nach Hannover. Frank wurde dort vom Jeet Kune Do, den philippinischen Kampfkünsten und dem Bodenkampf begeistert. Als er 6 Monate später dann zum ersten Mal Sifu Larry Hartsell auf einem Seminar kennenlernte und mit ihm trainierte, wusste er, dass er das gefunden hatte, wonach er suchte. Seitdem trainiert Frank diese Kampfkünste, zuerst unter Sifu Udo Müller in Speyer, bei dem er 1995 seine Instructor D-Lizenz für Jun Fan Gung Fu/ Jeet Kune Do ablegte. In diesem Jahr flog Frank auch das erste Mal zum Training nach Los Angeles. In L.A. begann er sein Training in der Inosanto Academy (Jeet Kune Do, philippinische Kampfkünste, Shoot Wrestling), privat zuhause bei Sifu Larry Hartsell und in Richard Bustillos IMB sowie in einigen Brazilian Jiu-Jitsu- und Sambo-Schulen. Es folgten jährliche Trainingsreisen nach Amerika und einige Jahre später auch die erste Seminartour mit Sifu Hartsell. Noch heute fliegt Frank zum Training nach Amerika und reist für sein Training in Europa zu Seminaren.
Frank unterrichtet seit 1995. Er trainiert in Berlin im IMAG e.V., Kastanienallee 32, 10435 Berlin und gibt in ganz Deutschland Seminare zu den Themen JKD, Free Fight und Grappling. In Europa hat er bisher Seminare in England, Holland, Schweiz und Polen gegeben. Auch in den USA hat Frank schon im Rahmen seiner Touren mit Sifu Hartsell unterrichtet.
Frank ist Gründungsmitglied, Full Instructor und Schiedsrichter des FFA e.V., der Free Fight Association e.V. (http://www.free-fight.de) und leitet dort die Instructor-Ausbildung sowie die technische Regelumsetzung.
Frank betreibt auch das Kampfkunst-Board, eine große Internet-Community, in der alle Fragen zum Thema Kampfkunst diskutiert werden.
Frank Burczynski ist

- Full Instructor für Jeet Kune Do und JKD Grappling unter Sifu Larry Hartsell
- Instructor für philippinisches Kali und Lameco Eskrima unter Sifu Larry Hartsell
- Instructor für JKD Concepts unter Sifu Udo Müller
- Repräsentant und Instructor für Erik Paulsons Combat Submission Wrestling
- Technischer Direktor und Full Instructor der FFA (Free Fight Association)
- Lehrer der ELLO (European Luta Livre Organisation)
- Lilagurt Luta Livre (ELLO)
- Lilagurt Alliance Brazilian Jiu-Jitsu (BJJ)

Frank Burczynski
c/o IMAG e.V.
Kastanienallee 32
10435 Berlin
http://www.jkdberlin.de
Email: Frank@jkdberlin.de
Tel: (+49) - 030 – 44 05 47 64

Das Kampfkunst-Board
http://www.kampfkunst-board.info
Email: jkdberlin@kampfkunst-board.info

Das Team

Frank Burczynski
Full Instructor

Mario Scheckel
Assistant Instructor

Andrea Metzner
Advanced Student

Florian Ledesma-Mendez
Advanced Student

Selim Bugur
Intermediate Student

Fotograf:
Johannes Körner
Odernheimerstr. 79
12559 Berlin

Ein Teil der JKD I Klasse des IMAG e.V. Berlin

Kampfsport-Kompetenz pur!

Andreas Häckel
Selbstverteidigung, die funktioniert – mit Spezial-Tipps für Frauen
Die meisten Bedrohungssituationen im Alltag entstehen, weil man Unsicherheit signalisiert. Wie man es vermeidet, als Opfer betrachtet zu werden, wie man Angreifer beschwichtigt und sich schnell und wirkungsvoll verteidigt, zeigt dieses Buch.
120 Seiten, 92 Farbbilder
Bestell-Nr. 50466 **€ 12,–**

John »Lofty« Wiseman
City-Survival
Hier zeigen die Profis des SAS, wie Sie durch selbstbewusstes Auftreten und vorausschauendes Handeln Konfrontationen vermeiden, Aggressoren beruhigen und sich rechtzeitig in Sicherheit bringen. Und was zu beachten ist, wenn Sie im öffentlichen Nahverkehr oder im Auto unterwegs sind.
162 Seiten, 21 Bilder, 92 Zeichnungen
Bestell-Nr. 50336 **€ 12,95**

Christoph Delp
Fitness für Kampfsportler
Auch bei Kampfsportlern ist die körperliche Fitness Grundlage des Erfolges. Der Autor stellt hier effektive Übungen zur Entwicklung der körperlichen Voraussetzungen und abschließend ganze Trainingsprogramme vor.
96 Seiten, 216 Farbbilder, 1 Zeichnung
Bestell-Nr. 50489 **€ 14,90**

Christoph Delp
Thaiboxen basics
Christoph Delp liefert mit diesem Ratgeber Wissenswertes über Formen dieses Sports, über Technik, Training und Wettkampf. So ist ein umfassendes Trainingshandbuch entstanden, das auch wichtige Adressen enthält.
168 Seiten, 307 Farbbilder, 4 Zeichnungen
Bestell-Nr. 50467 **€ 24,90**

Siegfried Ellwanger/Ulf Ellwanger
Boxen basics
Boxen verbindet Schnelligkeit mit Kraft, fördert das Selbstvertrauen und dient der Fitness. In dieser Neuausgabe steht alles über die Grundlagen des Amateurboxens und wie man das Boxen spielend erlernt.
174 Seiten, 100 Farbbilder
Bestell-Nr. 50454 **€ 19,90**

Christian Ambach/Matthias Werner
Freefight
Freefight ist eine vielseitige Kampfsportart und somit für Zuschauer wie auch für Sportler attraktiv. Dies ist das erste deutschsprachige Buch dazu. Es zeigt, was Freefight ist, warum es immer mehr Anhänger findet.
96 Seiten, 149 Bilder, davon 145 in Farbe
Bestell-Nr. 50475 **€ 14,90**

IHR VERLAG
FÜR KAMPFSPORT-BÜCHER

Postfach 10 37 43 · 70032 Stuttgart
Tel. (07 11) 2108065 · Fax (07 11) 2108070
www.paul-pietsch-verlage.de

pietsch

Stand Juli 2007 – Änderungen in Preis und Lieferfähigkeit vorbehalten